Senda de Espinhos

ATENÇÃO

Este romance é a continuação de um outro — "A Caminho do Abismo", do mesmo Autor.

ANTÔNIO LIMA

Senda de Espinhos

ROMANCE HISTÓRICO

SEGUNDA ÉPOCA

☆

FEDERAÇÃO ESPÍRITA BRASILEIRA
DEPARTAMENTO EDITORIAL
Rua Souza Valente, 17
20941-040 — Rio-RJ — Brasil

ISBN 85-7328-071-9

6ª edição

Do 41º ao 45º milheiro

Capa de CECCONI

R.T.D. 2º 0.34.143/B-24

5,62-AA; 000.5-O; 9/1996

FEDERAÇÃO ESPÍRITA BRASILEIRA
(Casa-Máter do Espiritismo)
Av. L-2 Norte — Q. 603 — Conjunto F
70830-030 — Brasília-DF — Brasil

Reprodução fotomecânica e impressão offset *das Oficinas do Departamento Gráfico da FEB*
Rua Souza Valente, 17
20941-040 — Rio, RJ — Brasil
C. G. C. nº 33.644.857/0002-84 *I.E. nº 81.600.503*

Impresso no Brasil
PRESITA EN BRAZILO

Pedidos de livros à FEB — Departamento Editorial, via Correio ou, em grandes encomendas, via rodoviário: por carta, telefone (021) 589-6020, ou FAX (021) 589-6838.

I

Engastada entre Paris e Versalhes, como uma esmeralda entre duas pérolas, repousa, recatada e silente, na sua simplicidade rústica de pequena vilagem, a poética região de Chaville, que esconde com ufania em seu bojo o aprazível bosque com que a natureza a enriqueceu.

Quem ali já teve a doce ventura de espairecer as névoas da aflição, quem nessa bucólica floresta pôde ir desafogar a melancolia ou a saudade, que são arietes contundentes sobre corações enfermos, pode, só esse, encarecer o encanto que aí se desfruta ao palmilhar sobre as suas verdejantes alfombras de relva e de feno, e sob o docel umbroso e balsâmico de acácias e de mirtos, de bétulas e de faias, a engalanarem as suas cercanias.

A crendice popular, na sua infantil confiança em transigências dos prepostos providenciais, erigiu modernamente à entrada do bosque um singelo pedestal, sobre que entronou a imagem da Virgem, cercando-a de folhagens aromáticas. Aqueles que têm o coração angustiado por sentir o estiolar das flores da esperança e supõem reanimá-las ao rocio da fé, ali vão solicitar à piedosa Senhora o milagre da *bonne chance* para as suas aspirações, e têm, como segredo inviolável, a fim de lograrem a vitória, o escrúpulo de pedir mentalmente aquilo em que desejam ser servidos, mas lançando simultâneamente sobre a cabeça da Santa tantas rosas quantas forem as graças deprecadas e guardando sigilo até quando lhes seja deferido o milagre pela realização da súplica.

E como são legião os que se abrigam ao seu manto, tantos quantos os desalentados da sorte, a coroa, a capa, o supedâneo, a peanha da Virgem, todo o solo em derredor, ao sol e à chuva, ao relento e à mercê dos ventos, quer seja inverno ou verão, tendo por cúpula o lindo céu azulíneo, tudo permanece juncado de matizadas flores, numa profusão incontável, formando um maciço pesado, perfumoso, irisado, a agonizar lentamente com o decorrer das horas e dos dias, dos meses e dos anos, a apodrecer alfim na mesma proporção do esvaecer das ilusões de quantos ali foram cobiçar o que a meiga intercessora não pudera obter do justiceiro repartidor dos favores celestes.

Nesse rincão de paz e de harmonia, de sonho e de ventura, que é Chaville, vivia na segunda metade do século XVIII um lavrador viúvo, por nome Maurício, com uma filhinha de 7 anos, único rebento do seu inditoso consórcio com uma mulher, como ele, de classe inferior, que acabara louca em virtude de um desequilíbrio orgânico.

Homem de vida irregular, rixento e antipatizado de todos quantos com ele privavam, Maurício estabelecera voluntàriamente uma barreira entre si e a sociedade de quem dependia nos transes inesperados do destino, e de cujo valimento por vezes se há mister no meio em que se vive.

Pobre, habitando modesta e sórdida possilga, onde por vezes era visitada por outra simples criatura, jovem de 15 anos, que tributava à menina uma afeição fraterna — era a essa mocinha que confiava os cuidados de assistir a filha na sua ausência.

Margarida, a jovem companheira de Catarina — que assim se chamava a pequena, era órfã, e achar-se-ia abandonada, se lhe não valesse a solicitude de uma família, que a tomara a seu cuidado e a aproveitava em trabalhos de que lhe provinham compensações monetárias.

Fôra lançada aos vendavais da sorte, em virtude da morte de seus pais em tenra idade, quando ainda contava 10 anos, e talvez por isso mantinha sentimentos vívidos de piedade pelos desafortunados, que se contam por milhares na vasta extensão da terra.

Não raro Maurício contendia com outros lavradores, e foi em uma das mais violentas disputas que inimigos seus, também de má índole, se dispuseram a uma vingança funesta.

Uma noite Maurício havia-se recolhido muito tarde ao lar, quando silenciosamente o procuraram dois homens para um entendimento. Aberta a porta, os recém-vindos tiveram um colóquio misterioso com aquele, e, sem mais preâmbulos, atravessaram-lhe o peito com uma faca, deixando-o cadáver sobre uma poça de sangue. A seguir, buscam a filha, apertam-lhe a garganta para que não gritasse, arrastam-na fora da choupana e conduzem-na à floresta de Chaville, onde, amordaçando-a e amarrando-a ao tronco de uma árvore, a abandonaram como a um fardo inútil.

Só dois dias depois foi notada a ausência de Maurício pelos vizinhos, que entraram em investigações sem saber o mistério do seu desaparecimento, havendo para isso a intervenção da polícia, que então descobriu o cadáver e abriu devassa para a captura do autor, ou autores do assassínio, e pelo encontro da menina sumida, sem que jamais se lograsse descobrir quem houvera cometido o crime.

Na tarde do segundo dia, porém, passeando alguém pelo bosque, deparou, surpreso e assustado, com Catarina atada a uma árvore. Fàcilmente desenvencilhou-a do laço e conduziu-a ao povoado, onde ela não soube a ninguém contar quem a tinha jugulado, nem tão-pouco informar qual fôra o sicário, autor da morte de seu pai, que só então soubera haver sido assassinado.

A infeliz, em convulsões de agonia, passara duas noites em vigília e dois dias sem se alimentar.

Abraçadas em copioso pranto Catarina e Margarida, esta, solidária com aquela, que lhe vinha ser sócia no infortúnio da orfandade, tomou a si o nobre encargo de recolher a infeliz e tê-la a seu cuidado em sua residência, com o beneplácito da generosa família com quem convivia.

Neste rápido debuxo de quadro histórico vemos Maurício (reencarnação do Duque d'Anjou) expiar a sua co-participação no morticínio dos huguenotes, tendo como filha sua mãe de outrora, Catarina de Médicis, a rainha despótica e ambiciosa, agora filha de um pai miserável, orfanada aos 7 anos, amordaçada e depois recolhida por sua própria filha Margarida, em outra vida Margarida de Valois.

Todos os desvelos foram dispensados à orfã, de par com a educação escolar e profissional até aos 17 anos, data em que Margarida havia travado relações amistosas com Henrique Portier, homem de 40 anos, rico comerciante que fôra de vinhos, mas algo avaro, que aspirava a esposar a moça, mas não queria assumir o encargo de levar consigo Catarina, ao tomar novo estado.

Como houvesse em Paris alguns asilos orfanológicos, o noivo de Margarida logrou convencê-la de que poderia recolher a moça a algum desses estabelecimentos, apesar da sua idade.

Sem situação definida, receosa das flutuações do seu futuro, Margarida resolvera consorciar-se, e teve que ceder a essa imposição preliminar. Dirigiu-se então a um asilo de protestantes, situado em frente ao Parque Buttes-Chaumont, dirigido por Gaspar Ducos (em vida anterior Gaspar de Coligny) e propôs-lhe a admissão da moça que consigo ali conduzira.

Embora já houvesse atingido idade maior da que era permissível à admissão, Catarina foi aceita pelo diretor do orfanato, já por este necessitar de uma auxiliar no serviço interno, já por uma simpatia, inexplicável para ele. Era a intuição de um compromisso espiritual, qual o de se ligar àquela que em tempos idos fôra a principal motora do seu trucidamento, a fim de realizar com esse elo a aproximação de ambos os corações.

Por seu lado Catarina, que obedecia impulsivamente à mesma lei do destino, sentiu desde logo íntima satisfação em ficar residindo naquela casa, que lhe fôra mostrada em todas as dependências, e onde devia desenvolver a sua atividade mediante o trabalho de assistência às crianças menores, visto que ali o seu ministério seria o de zeladora e ecônoma, secundando o diretor na sua missão beneficente.

Há uma força invisível dirigindo-nos os destinos, encaminhando-nos os passos para a realização de tudo quanto nos impõe a Providência Divina no sentido de apagarmos as manchas do passado e de nos reabilitarmos na virtude por meio de obras de bondade. Assim é que Catarina, havendo contribuído para o morticínio de milhares e milhares de protestantes em tempos remotos, atirara ao desamparo considerável número de órfãos. Era-lhe agora imposta a missão de amparar a muitos desses que ali estavam renascidos, habitando esse mesmo orfanato, onde ela era chamada a prestar-lhes desvelos, a acariciá-los como a filhos, de feição a dissipar as sombras de uma incompatibilidade fora da lei de harmonia universal.

O moço protestante assim se expandiu diante da pretensora à internação:

— A senhorita terá nesta casa o seu próprio lar, porque neste templo paira a imagem do Senhor, que a todos abençoa. As horas que passaria no seu retiro em qualquer outra parte, podem ser aqui aligeiradas e jungidas à mansuetude do espírito com o laço da oração.

— Beijo-lhe as mãos, reconhecida pelo seu generoso acolhimento. Hei-de diligenciar em corresponder ao estado de futurosa tranquilidade, a que as suas mãos benévolas me conduzem.

— Assim o Senhor há-de permitir na sua infinita bondade. Certamente crê em Deus, não é verdade?

— Se creio...

— Sim, vejo-lhe nas faces o sinete da crença aí assinalado desde quando a desventura violou o selo do seu destino. Tinha de padecer. A vida é um contrato do destino, cujas cláusulas ignoramos. Que é ela senão um rosário de amarguras?

— E as minhas começaram tão cedo...

— Tanto melhor, minha filha, perdoe-me chamar-lhe assim, apesar dos meus 23 anos. Quanto mais cedo nos aparece o fantasma temeroso do sofrimento, mais depressa assimilamos o fel que nos amarga nos recônditos da alma.

— O senhor terá mais um sacrifício doravante — o de auxiliar-me a suportar o travor do fel.

— Por isso mesmo foi que lhe ofereci o encargo de tomar conta dos deserdados, que aqui estão neste abrigo. E' uma nobre missão que a ajudará a espairecer o tédio e a apressar a vinda do anjo das consolações.

— Não posso, nem sei agradecer-lhe a generosidade; faltam-me expressões.

— Dispenso-lhe o esforço. Vá com Deus e volte breve.

E respeitosamente o amorável pastor cingiu a cintura de Catarina num paterno amplexo, repetindo o gesto com Margarida, que tinha duas lágrimas na face.

Conduzindo-as até ao ádito da casa e despedindo-se de novo, Gaspar voltou ao interior e fechou-se em seu aposento particular, onde exclamou de olhos contritos, erguidos para o alto.

— Senhor! se é mais uma graça com que me comulais, sede mil vezes bendito!

O coração alvoroçado anunciava-lhe o advento de importante modificação na vida.

Dentro de dois dias chegava a bagagem de Catarina ao asilo e ela entrava na posse de seu cargo.

*

As relações se tornaram mais íntimas entre a zeladora e o jovem diretor, ao qual não era indiferente a simpatia de Catarina. Foi com fácil êxito que se estabeleceu a afinidade entre os seus corações, daí se legitimando um consórcio, talhado a unificar duas almas e libertá-las de antigos ressentimentos, que talvez aí os estivessem envenenando.

Foi seis meses depois da entrada de Catarina no orfanato, que se travou o seguinte diálogo, iniciado por Gaspar:

— Ouça-me: Eu não devera perturbar a paz, que parece reinar em seu coração, com pretender sondá-lo, na vigilância que um dia me solicitou tivesse para amenizar-lhe o absinto da vida.

— Quem o enganou, informando-o de que tenho paz?

— Supunha-o; mas dar-se-á porventura que me enganasse? Acaso sofre?

— Não é bem sofrimento. Quando raia a esperança, raia todos os dias uma nesga de sol no firmamento da alma.

— Que espera pois? Perdoe-me se me torno demasiado curioso.

— Não o repreendo por isso, antes lhe agradeço a solicitude... ia dizer outra coisa.

E Catarina baixou a fronte, vexada.

— Da minha amizade, não é?

— Quase acertou, balbuciou ela sem erguer os olhos.

— Do meu amor, confesse, disse com aspecto caroável.

A moça colocou as mãos no seio arquejante para comprimir as palpitações com que o coração parecia querer saltar-lhe.

— Diga. Está em suas mãos a nossa felicidade.

— Não a recuso, declarou a órfã resolutamente.

— Pois bem, será minha esposa; saberá dividir com os meus os seus cuidados, nunca abandonando os propósitos de secundar-me nas obras de benemerência e de incutir nas almas indiferentes a ideia de Deus e dos seus atributos.

— Em nome de Deus, afirmo-lhe que jamais o perturbarei em seus elevados propósitos.

O consórcio se fêz, e a ele assistiram Margarida Portier e seu marido, que já o era então, e que foram as testemunhas na *Mairie*.

O enlace deste segundo casal era o complemento de tempo interrompido em vida antecedente (1), na qual Henrique de Navarra, em 1599, repudiara a esposa, divorciando-se dela e casando-se depois com Maria de Médicis.

(1) Bom é ficar esclarecido poderem algumas, ou todas as personagens desta obra, haver renascido no período que vai do século XVI ao XVIII, cerca de 200 anos, sem prejuízo de que sòmente na época historiada viessem resgatar faltas antigas, isto

Com esta nova ligação cumpria-se a lei superior da união das almas, segundo o preceito cristão, pois não se compreende a solidariedade humana com o rompimento pelo divórcio, que constitui um quebrantamento de forças na energia dos seres, destinados, em sua origem a perpetuarem a harmonia comum pelo afeto indissolúvel.

A instituição do casamento ainda não foi compreendida segundo a fórmula contida no Código Divino, (1) de que São Paulo, na sua primeira epístola aos Coríntios, Cap. VII, fornece novos esclarecimentos.

O consórcio não é um pretexto *exclusivo* para a procriação da espécie, como subentendem aqueles que só vêem nele a vantagem cômoda de ter à sua disposição uma mesma mulher, que sirva de pasto aos seus instintos sensuais. Também não é *principalmente* para a gestação, mas *simples e secundàriamente* para essa função fisiológica, conjugada especialmente e visando a exclusividade da união sempiterna do espírito, que convém interpretar o consórcio, a ligação do homem à mulher.

Não existe no livro da Sabedoria Divina o consórcio do corpo, senão o da alma, e desde que se rompa este, sacrifica-se o destino, deturpa-se o dever moral, conspurca-se a pureza do objetivo, que é colocar o homem acima das seduções subalternas da matéria, a que sòmen-

---

é, de **precedente**, de **antecedente** ou de **transata** existência — variantes essas que se não devem confundir com a **última vida**. A experiência nos tem ensinado que muitas vezes o Espírito só vem expiar grandes crimes em existências posteriores àquela em que faliu, havendo intercadências, que parecem oásis de repouso, a fim de que ele adquira coragem para uma luta mais tremenda, tal é a misericórdia de Deus. Reforçado pelo alívio adquirido, vem então resgatar a dívida de uma época muito anterior, e ainda assim quantos enfraquecem e se suicidam! (*) Acresce que neste romance se confirma a noção de reunirem-se todos os delinquentes de uma época para se associarem na liquidação de responsabilidades, que juntos contraíram.

(*) Vide **O Céu e o Inferno**, de Allan Kardec, ditados dos Espíritos de Marcel, Antoine Belle, Príncipe de Ouran e Juliana Maria.)

(1) Ver Evangelho, Cap. XIX de S. Mateus, versículos 3 a 12.

te é próprio do irracional ter voltados os seus instintos bestiais.

Se a função fisiológica da procriação foi facilitada ao homem por meio do casamento, não é que ele deva ser considerado como elemento passivo de prazer sensual, mas, ao contrário, a fusão dos seres seria dispensável se todos fôssemos capazes de nos amar sem a aproximação corporal, como sucede no mundo espiritual, e São Paulo diz sem rebuços: "Bom seria a um homem não tocar mulher alguma. Mas, por evitar o coito, cada um tenha sua mulher, e cada uma tenha seu marido. Digo aos solteiros e às viúvas que lhes é bom se permanecerem assim. Mas, se não têm dom de continência, casem-se, porque melhor é casar-se que abrasar-se".

Naturalmente o estado de atraso selvático em que ainda vivemos nos força a dar de mão aos conselhos salvadores do iluminado Apóstolo; mas já é tempo de entrarmos em vigilância contra as surpresas que nos aguardam no limiar da outra vida, especialmente aqueles de nós outros para quem mais de perto se fazem ouvir os prudentes avisos dos pioneiros da eterna verdade.

Para honra e glória da nossa dignidade, para nobilitação do papel que superiormente nos está assinalado no cenário da vida, como seres mais completos da criação, na inteligência, nos predicados, nas virtudes — nessas virtudes que nos hão-de alcandorar aos píncaros da perfeição —, devemos reagir com repugnância às seduções dos sentidos, ou, quando menos, repelir o argumento sandio com que se pretende justificar o direito do divórcio, isto é, a passagem de um pasto de gozo para outro que oferece, ou em que se adivinham novas e imprevistas delícias lúbricas.

Têm-se consumido e desperdiçado uma infinidade de argumentos falados e escritos em todos os tempos, sem que ninguém soubesse discernir o objetivo sagrado da união social no respeitante ao matrimônio, e a razão vê-se bem que não está com nenhum dos que o defendem, pela inconsciência com que vêm a campo *esclarecer* um assunto para o qual não trazem senão a sombra das trevas em que tateiam desde os primórdios da sua infância.

Era preciso esses tais saberem que Deus antes de haver criado o corpo criara a alma, destinando-a à imortalidade. Destinando-a à imortalidade, exigia-lhe a fraternidade, e como a criatura não obedecesse às injunções do Criador, teve de ser atirada ao lodaçal da Terra para padecer, e aí, no ergástulo da carne, à força de martírios e de sofrimentos, capitular da maldade e cingir ao seio as outras almas irmãs.

E' esse o ritmo do consórcio, a harmonia universal, inalterável.

*

Gaspar Ducos era um dos iluminados pela palavra evangélica desde a sua última vida, em que morrera na defesa de teorias renovadoras. Suas pregações, seus conselhos paternais colimavam o objetivo do melhoramento social pela prática das virtudes anunciadas pelo Divino Mestre. Apesar de muito jovem, era ouvido com respeito e acatamento nos círculos aonde ia levado pelo desejo de pontificar, já nos arredores de Paris, já nas cidades do interior.

Pobre, vivendo apenas de um subsídio que percebia do monte reunido pelos seus correligionários, agrupados na contribuição monetária para manterem o apostolado das pregações evangélicas, ele dava magnífico exemplo de dedicação e desinteresse consumindo tudo o que percebia, chegando às vezes a vencer dificuldades para equilibrar as suas despesas. Nunca, porém, baqueou na fé, robustecida através dos tempos.

A sua vida em família estava sendo um sacrifício de esforços para exemplificar o amor no lar e na sociedade.

Dentro de um ano nascia o seu primeiro herdeiro, que teve por nome João (reencarnação do Duque de Guise, que foi quem o assassinou no morticínio dos protestantes). No ano seguinte surgia à luz da existência Alexandre (Alexandre de Farnese — Duque de Parma) e dois anos depois veio uma menina alegrar o lar: era

Lucília, alma varonil (Retz Gondin — um dos verdugos na trucidação da noite de São Bartolomeu).

O nascimento do seu primeiro filho verificou-se em uma das suas viagens a Bordéus, em propaganda oratória dos seus princípios religiosos. (1)

Auxiliado por sua mulher, que se dedicava a bordar com rara habilidade, graças à solicitude com que Margarida lhe havia formado a educação artística, e de que auferia regular provento, pôde Gaspar educar os filhos, dando-lhes uma instrução completa em humanidades. Seu filho João cursava a Escola de Direito, onde se formou, e Alexandre, havendo-se matriculado na Escola Militar, fundada nessa época por Luís XV, seguia a carreira militar, em que logo se distinguiu, alcançando o posto de Lugar-tenente de Artilharia, arregimentando-se depois ao lado de Bonaparte nas suas manobras de Toulon.

De Henrique e Margarida nascera em 1774 uma filha, Matilde (renascimento da Condessa de Leicester), que se tornou o encanto do lar e a alegria dos pais pelo seu natural encanto e formosura, e que se desenvolveu em um ambiente de perene felicidade.

Mercê da inteligência paterna, a cujo influxo obedeceu a sua educação, pôde também distinguir-se na cultura e no gosto pelas belas artes.

As relações desta família com Gaspar continuaram sem interrupção, havendo sido Matilde levada à pia batismal por Catarina, que não nutria convictamente as ideias ortodoxas de seu marido, conquanto nunca o contrariasse. Este, por sua vez, tolerante ao extremo, con-

---

(1) Estamos historiando fatos passados de 1756 a 1763, ao tempo de Luís XV, o **bem-amado**, exatamente no período da famosa guerra dos sete anos, em que a França perdeu algumas das suas colônias, entre elas o Canadá e as Ilhas indianas, e no limiar da tomada da Bastilha, a que se seguiu a do Pacto da fome, a do Terror e logo após a Revolução e a República.

E' dessa época, do Pacto da fome, a célebre frase de Luís XV: **Cela durera bien autant que moi. Après moi, le déluge.** (Isto vai durar tanto quanto eu. Depois de mim, o dilúvio.)

sentira em transigir, aceitando o encargo de abençoar pelo rito católico a filha dos seus bons amigos.

Embora tivesse de arrostar com o egoísmo do marido, Margarida conseguia frequentes recursos para valer aos seus amigos em horas de maior aflição, e foi assim que interveio na educação e formatura de João Ducos até à terminação de seu curso de advogado.

Vamos retroceder quatro anos.

II

Em meados do ano de 1768 Gaspar Ducos fêz uma viagem de excursão em propaganda do protestantismo, seguindo a região do Aisne, detendo-se em Soissons, Laon, Vervins e Guise, onde se demorou um pouco mais, em virtude da simpática acolhida que lhe fêz o Tenente-general bailio da cidade, Jaques Desmoulins, e sua mulher Lúcia (reencarnações de Jaques e Lúcia, respectivamente criados de Carlos IX e Condessa de Leicester), que dispensavam ao notável orador cristão as maiores atenções, hospedando-o em sua casa e oferecendo-lhe todas as comodidades.

O casal Desmoulins tinha dois filhos, — Camilo, de 8 anos, e Carlos, de 2 (Duque d'Aumale e Carlos IX, renascidos), que denunciavam desde logo ao mais rápido exame uma precocidade de inteligência invulgar, um espírito de penetração e de vivacidade fora do que é normal. Do mesmo consórcio nascera uma menina, a que deram o nome de Geni (Miss Geni Douglas, ex-esposa clandestina de Roberto Dudley).

Desse encontro cordial surgiram as mais estreitas e sinceras relações de amizade, que não ficaram interrompidas pela ausência a que o pastor fora forçado, ao afastar-se dessa localidade, mas ali deixando vinculado o coração aos amáveis entes, a quem ficara devendo as maiores obrigações de gentileza.

Com o decorrer do tempo e o crescimento dos filhos varões de Jaques, que os queria educar na capital francesa, onde estão estabelecidas as Academias, foi mister fazer a mudança dos mesmos para Paris, no que foram auxiliados por Gaspar, a quem já consideravam como pessoa da família, e que os conduziu consigo.

Instalado em seu lar, achava-se Camilo já em idade

de iniciar os seus estudos de preparatórios, mas as condições precárias de seu pai não lho permitiam no momento em face das dispendiosas exigências. Foi então que um parente de Jaques, Daviefville des Essarts, a expensas suas matriculou Camilo no *Colégio Luís, o Grande,* onde o jovem fêz brilhantes estudos, distinguindo-se entre os seus colegas pelo brilho da inteligência e pelo fulgor da oratória.

Andava Camilo pelos 18 anos quando Carlos foi internado no mesmo Colégio a expensas de Margarida, com quem a família de Jaques cruzara relações.

Fôra isso no dia do aniversário natalício de Gaspar. Achava-se este reunido com a sua gente e os seus órfãos num modesto ágape fraternal, como os dos primitivos cristãos, quando foi surpreendido pela chegada da família de Jaques, que viera com a esposa a Paris em visita aos filhos. Momentos depois também ali aparecia Henrique Portier com a sua prole, e em poucas horas confraternizavam todos na mesma comunhão de simpatia.

Era o transbordar dos sentimentos fraternos que expansivamente jorravam espontâneos de tantos corações tocados pela palavra mágica do convincente evangelizador; era o prenúncio de uma modificação que se ia verificando nas disposições atávicas de alguns que porventura ainda se quisessem deter dentro de preconceitos herdados; era enfim o abrir-se amplamente, o palpitar de peitos amigos, que se apertam com igual sincronia de vibrações.

O próprio Henrique Portier havia sido dominado pelo coração da esposa, que conseguia agora movê-lo à piedade, acudindo a apelos seus em benefício dos que nada possuíam. Foi assim que pôde Margarida custear as despesas de Carlos na escola, como já o fizera por João Ducos.

Não se pense, porém, que a ventura vai ser patrimônio desse grupo reunido patriarcalmente. Infelizmente os espinhos virão em breve repontar na haste das rosas embrionárias, que esperam a temeridade de ser colhidas ao florescerem, para se vingarem de quem lhes corta o fio da vida.

Deixemos estas personagens sorrindo à mesa da felicidade. Não perturbemos as suas alegrias efêmeras e viajemos até à Normandia, em procura de pessoas da nossa estimação.

*

Estamos agora em Saint Saturnin-des-Lignerits (Orne), em casa de Gualtério d'Armont de Corday e Letícia Corday (outrora Conde e Condessa de Essex), cujos filhos, Pedro (reencarnação de Pedro Montpensier, um dos conjurados no morticínio dos huguenotes), Carlota (Duquesa de Nemours), Roberto (Conde de Leicester) e Maria formam uma escada de um a doze anos de idade.

Gualtério descende de gente nobre, é sobrinho do famoso escritor clássico teatral Pierre Corneille, mas vive pobremente sem representação social, na triste nostalgia do tempo em que nadava no Rio Pactolo, atrás do velocino de ouro.

A sua existência tem sido inalteràvelmente uma repetida e inglória conquista ao impossível, ao impraticável. Essa campanha incruenta de que, se às vezes reçuma sangue, é nas lágrimas, ele a vai vencendo com denodo, logrando atravessar doze anos de trabalhos, até que viu tombar vencida pela morte a esposa. Era o término da sua prova. Ele fôra envenenado em vida anterior antes que findasse a época destinada à sua ligação com Letícia, por aquele mesmo que agora nascera do ventre dela, Roberto Dudley.

Viúvo Gualtério, decidiu-se a partir para a capital com o intuito de melhor governar a sua vida, havendo em fins do ano de 1780 recolhido sua filha Carlota Corday ao Convento de Caen de *l'Abaye-aux Dames,* dirigido por Mme. Pontecoulant, tia de um girondino, onde a moça se entregava a profundos estudos de filosofia e literatura.

Em Paris conseguiu o lugar de diretor de uma biblioteca protestante, que lhe rendia ordenado compensador.

Na vida livre e dissipadora dessa cidade, Pedro e Roberto lançaram-se a caça dos prazeres da juventude, sendo Roberto dominado pela vontade do pai, que lhe não consentia liberdade para agir nas menores deliberações.

E' que existia em Roberto o quer que fôsse de satânico nas suas inclinações de menino refece de 12 anos afeito à impudência, ao cinismo e ao desregramento. Era o vício do passado a soltar as suas garras.

Não havia afinidade entre o caráter dos dois irmãos, antítese de Castor e Pólux, e daí se originar uma divergência de pendores que, conquanto não dessem motivos a ódios, impediam que a vida lhes defluísse como sereno veio dágua.

Embora Pedro não houvesse vendido a Roberto os seus direitos de progenitura, como o Esaú bíblico fizera ao seu irmão gêmeo Jacob por um prato de lentilhas, Roberto julgava-se com direito a submeter a vontade do irmão à sua.

Atravessemos um período de alguns anos, durante os quais deixemos os figurantes desta novela crescerem na idade e na experiência para prosseguir-lhes os passos na trajetória da vida.

*

Em 23 de Maio do ano de 1788 a jovem e linda filha única do casal Portier tecia mais um florão na sua coroa virginal, completando 14 anos.

Em que arroubos de poesia pode ser decantada uma das épocas tão douradas, tão brilhantes, em que a mulher é qual um botão de rosa levemente desvelando o ponto vermelhaço, ainda escondido sob a membrana verde que lhe serve de envoltório?

Nessa fase da vida, em que, como disse inspirado poeta, há um pouco de menina, um pouco de mulher, ela principia a ter um pouco de alegria, um pouco de temor, algo de sonhos de esperança, algo de pesadelos de amargura.

Para a mulher, mesmo nascida num lar onde exista

a abundância, geralmente o seu futuro é um ponto de interrogação, que no decurso do tempo por vezes se torna em ponto negro, muito mais escuro do que ao homem se afigura o seu, porque este, em virtude da sua ampla liberdade e do vigor varonil, tem ao menos a facilidade de vencer óbices que à mulher se antolham insuperáveis, que lhe é defeso enfrentar.

Elà, é qual uma barquinha frágil, ao léu dos vendavais, balouçando sobre vagas revoltas. Bem-aventurada será, se lhe acudir algum braço salvador, que só a Providência pode suscitar no horrífico instante do perigo. A aventureira, porém, ignora-o; não sabe nunca se vai ser amparada, ou se a tormenta virá mais violenta revolver o batel quebradiço e mergulhá-la no fundo pavoroso do oceano.

Talvez a encantadora Matilde nunca se perdesse nessas divagações, que lhe haveriam fatalmente de afligir o espírito. Ainda bem.

Seus pais, até então vivendo na mais plácida harmonia, quiseram dar maior solenidade que de costume ao natalício da mocinha, e reuniram os amigos em festa íntima, modesto sarau a que vemos presentes a família de Gaspar e a de Jaques, que já se havia instalado definitivamente em Paris, à rua Saint-Honoré.

À noite era comum a alegria que reinava na vivenda de Henrique Portier.

Sua filha era o alvo das manifestações de carinho, a que correspondia, oferecendo as jóias da sua fina educação de cantora e admirável *virtuose,* tanto como de exímia pianista, que executava de cor alguns trechos de difícil manejo.

Vamos surpreender alguma coisa da conversação entre os convivas, já que não podemos ser deliciados com ritornelos e suavidades da música.

Todos formam grupos em torno à sala principal, depois do jantar, sentados em cadeiras e canapés forrados de pelúcia carmezim, à luz de candelabros dourados.

Carlos tem a seu lado a heroína da noite, Camilo senta-se a par de Lucília, e travam entre si diálogos, que convém escutarmos para saber o que lá vai no interior daquelas almas cheias de vida e abertas às primaveras nimbadas pelas surpresas inauditas com que elas se anunciam no futuro da mocidade, em banhos de luz e ondas de perfumes.

— Há-de acreditar que nunca havia passado pelos meus olhos uma visão de ventura como a que nesta inolvidável noite me deslumbrou? começou Carlos com voz apaixonada, dirigindo-se a Matilde.

— Desde que o senhor o diz, não tenho o direito de contestá-lo, concordou Matilde delicadamente.

— Entretanto, começo a ter receios pungentes...

— De quê?

— De que a ventura me fuja. Tenho ouvido dizer que ela é volúvel como as borboletas, que agora pousam sobre a pulcra corola de uma açucena e, mal debicam o pólen, já largam o voo para assentarem as antenas no colo de uma papoula — flor que traz em si o gérmen do veneno.

— Já sabia por tradição que o senhor era poeta, mas não lhe conhecia a perfeição da arte.

— Todos os homens são poetas aos 20 anos, em que principiam a provar o mel do Himeto e a beber a água da Castália, assim como as jovens de 14 são arrebatadas e conduzidas em asas de serafins ao país dos sonhos dourados e das harmonias celestes para a divinização dos seus encantos.

— Bravos! Está intimado a dizer isso em voz alta. Vai recitar uns versos seus, exclamou a interessante menina, batendo palmas e erguendo-se de pé em infantil alacridade.

Carlos Desmoulins teve que obedecer à intimação da voz feminina. Ergueu-se e disse uns versos que lhe valeram uma ovação da sala. Eram trovas de amor, já se deixa ver, e quem lhe apertou a mão com mais veemência foi Matilde, cujos olhos travessos emitiam coriscos de luz.

Era o velho amor, que renascia do passado.

Os versos recitados foram estes:

ALVORADA DA FÉ

Eu era pobre e só na estrada da existência,
Caminhando indeciso em meio à escuridade,
Sentindo da ventura a torturante ausência
E abafando em segredo os estos da ansiedade.

Era meu patrimônio apenas a tristeza,
Meu pão de cada dia o pranto silencioso;
Se acaso alguma luz minh'alma via acesa
Era a de alguém que o olhar me lançasse piedoso.

Andei por toda a parte e não vi a alegria,
Passei por toda a gente e não tive um sorriso;
Se a noite para mim era campa sombria,
Era-me o dia sempre um clarão impreciso.

E vivia e chorava assim no meu deserto,
Se é que é isto o viver e se é assim a vida...
Oh, não, que hoje feliz o coração aperto
E a alma encontro tal como a Fênix renascida!

E foi isso depois que me floriu a aurora
De um angélico olhar volvido docemente,
Pousando sobre mim, como repousa agora
Que amo a vida febril e delirantemente.

Sim, depois que surgiu a luz duma alvorada
Dentro da auréola dum sorriso casto e terno,
A alma sinto vibrando em sonhos embalada,
O salmo da esperança, esse cântico eterno.

Quero rasgar o seio, abri-lo francamente
Às grandes expansões violentas da esperança;
Quero gritar bem alto, alucinadamente
Que um raio de ventura o meu olhar alcança.

Como que a Natureza inteira se transforma
Diante do meu olhar atônito de espanto,
Em tudo há um novo aspecto, em tudo uma outra norma
De viver e sentir que me produz o encanto.

O céu, antes nublado, é um pálio luminoso,
Das aves o trinado álacre me fascina,
O perfume sutil das flores é-me um gozo,
A harmonia dos sons me arrebata e domina.

E no êxtase feliz da mística miragem,
Como que do horizonte em límpido cenário,
Paira dentro de um halo a deslumbrante imagem
Que transfundiu em sol o horror do meu Calvário.

E eu prostro-me ajoelhado a repetir-lhe o nome,
Beijando a nívea mão que me ergueu da desgraça,
E se um receio ainda às vezes me consome,
E' que ela fuja e mais desgraçado me faça.

Praza aos céus que bem cedo eu repouse a cabeça
No seio onde abriguei meu coração ferido,
E então, quando esse dia afinal me amanheça,
Eu possa bendizer o bem de haver nascido.

O auditório não ficara satisfeito com essa declamação e exigiu outro produto da habilidade de Carlos, que então recitou mais estas quadras:

CIÚMES

Escravo dum egoismo incontentável
Tenho ciúmes de tudo que te cerca,
E vivo ardendo em febre inexorável
Temendo que a ambição ainda me perca.

Quero-te toda para mim sòmente,
Sòmente para mim os teus sentidos;
Os olhares que dás a toda a gente
Que apenas para mim sejam volvidos.

Que seja meu sòmente o teu sorriso,
Meus os beijos que cedes às criancinhas,
Minha a alegria que eu em ti diviso,
E as tristezas também sejam só minhas.

Que as lágrimas que choras eu as sorva
Uma por uma em compassados beijos,
E quando cesse a tua mágoa torva
Que os teus desejos sejam meus desejos.

Teus suspiros penetrem o meu peito,
Teus gemidos reflitam-se em minh'alma,
E cada sonho teu, quando desfeito,
Venha a nós ambos encontrar em calma.

Que seja minha mão tão só que apertes,
Seja meu busto o único que abraces,
E evita com os queixumes que tu vertes
Que os ouvidos estranhos não devasses.

Que o calor do teu seio não afague
Outro seio que o meu, de amor ungido;
Que o teu carinho só a mim me trague
A volúpia de ser teu preferido.

Que o teu hálito santo, o chão que pisas,
O lugar em que pousas e onde passas,
Tudo que é teu, tudo que divinizas
Com teus encantos e com tuas graças;

As flores que tu colhes, os perfumes
Que ao teu corpo embalsamam suavemente,
As aves, borboletas, vagalumes
Que te volteiam cariciosamente;

O canto matinal das filomelas,
O álacre gorjear da passarada,
A luz do sol, o brilho das estrelas,
O astro da noite, o albor da madrugada;

O azul do céu, as cores, a harmonia,
Todos os sons vibrantes de beleza,
Gritos de angústia, brados de alegria
E as expansões de toda a natureza;

Tudo o que vês, que sentes, que te atinge,
Quero também sentir, ser atingido,
Na ânsia voraz da misteriosa esfinge
Que é o meu coração ensandecido.

Que nada mais te cerque nem tu vejas,
Que nada sintas nem que reconheças,
E a tudo cega, surda e muda sejas,
Fujas de tudo e a todos desmereças.

Pois mesmo ao ver-te às vezes concentrada
Orando ao céu, do qual um fluido desce
Sobre a tua cabeça recurvada,
Tenho ciúmes de Deus por tua prece.

Quero-te presa deste amor veemente,
Submissa a esta paixão desordenada,
Alheia ao mundo, esquiva e indiferente
Ao turbilhão da vida acidentada.

Que a terra acabe, o sol desapareça,
Cesse a vida por toda a eternidade,
E só tu, as mãos pondo-me à cabeça,
Me perpetues a felicidade.

Depois, que ao longe, no alto do horizonte,
Circundada de luz, como uma santa,
Paires suspensa, enquanto em minha fronte
Lances as bênçãos de ventura tanta.

E eu sòzinho, liberto destes ciúmes,
Viva a teus pés, exausto de venturas,
E morra enfim do amor que em ti resumes,
Proclamando-te a pura entre as mais puras.

*

Do lado oposto, simultâneamente com o diálogo de Carlos e a homenageada, ouvia-se em surdina esta prática entre Camilo e Lucília:

— Disse a senhorita que o sono da morte talvez seja mais suave do que o da vida. Quem lhe incutiu no cérebro ideias tão sinistras?

— Ninguém... o sono é uma amostra da morte... sonhar é principiar a morrer... divagações inocentes da minha fantasia.

— Que deve afugentar com energia. Não se compreende que uma jovem na flor da primavera já faça evocações funestas. Viver é em que deve pensar. O pensamento é um pássaro que larga o voo sem saber onde há-de pousar, e, quando não encontra um galho de árvore, regressa ao primeiro pouso.

— Fazia eu reflexões, admitindo que, se o sono às vezes nos traz pesadelos tormentosos, que nos enfadam ao despertar, talvez o da morte seja mais suave, ou mais tranquilo.

— Não convém a experiência. Não sabemos ao certo se o sono da morte será mais angustioso. Contentemo-nos com aquilo que conhecemos.

— Esse é o remédio, embora só conheçamos caminhos que vão ter a barrancos.

— Oh, D. Lucília, afaste esse pessimismo em tão tenra idade. Pense na felicidade, que é prenda deleitosa.

— Se ela fôsse possível, bom seria possuí-la.

— Porque não? Se eu lhe dissesse... se prometesse ir buscá-la ao fundo do mar, ao mais alto píncaro do Everest, ou nos abismos hiantes, uma parcela mínima de ventura... Não, não posso prometer aquilo que não sei se lhe agradaria.

— O quê?

— Não devo prometer.

— Fale, peço-lhe que esclareça o seu pensamento.

— Pois bem; há um homem que viu um dia a ventura aparecer-lhe num sonho, que não era daqueles a que a senhorita há pouco se referia. Dentro dele pairava uma imagem formosa de anjo, envolvida em flutuante nuvem de ouro...

— Depois?

— Esse homem era eu, e o anjo entre pulverizações áureas... adivinha quem fôsse?

— Se me não disser, não sei.

— Era alguém que julgava ser o sono da morte mais tranquilo do que o meu referido sonho. Preferiria esse ou o da morte?

— Preferiria esse.

Estava feita a declaração, e Lucília não a repudiara, pois que tinha os olhos banhados por uma iluminação estranha e o coração latejando com impetuosidade, como se um rouxinol lhe cantasse no seio.

Não admira esta rápida atração, se dissermos que Lucília era uma dessas criaturas insinuantes, que prendem as pessoas pela doçura do falar, pela meiguice e delicadeza dos gestos, não levando em conta a sua beleza, embora vazada em traços comuns, mas dando-lhe às feições uniformidade e proporções equitativas. Entretanto, através dessa aparência embuçava-se uma energia máscula, um caráter varonil e inquebrantável.

Quanto a Camilo, era sem favor um dos homens mais belos da sua raça. A sua opulenta cabeleira encacheada dava-lhe à fisionomia uma imponência e donaire a sobredourar-lhe o formoso rosto oval, em que seus grandes olhos, vivos e brilhantes, eram como janelas abertas de um palácio no qual todos achariam abrigo.

Carlos, de quem ainda não tivemos oportunidade de traçar a fisionomia, também se destacava pela relativa perfeição dos predicados físicos. Sendo menos belo que Camilo, tinha mais espontânea a afabilidade e a ternura, com que se expandia em geral, criando com isso uma irradiação, em que a todos envolvia, como num halo purificador.

Matilde, já o dissemos, era o tipo da formosura, da graça, do encanto. Sendo de estatura e corpo médios, tinha os cabelos castanhos claros, quase cor de jalde. Fascinava quando falava, ensandecia quando sorria. Páris, se a encontrasse, tê-la-ia preferido a Helena no seu rapto a Menelau, e Tróia se orgulharia de ser tomada e destruída sob o império de Ulisses. Dotada assim soberanamente pela natureza, ninguém se admiraria se a maculassem indícios fortes de vaidade, ou de orgulho, que, certo, se viessem deslustrar-lhe a perfeição, seriam como execráveis espinhos nos roseirais.

Entretanto, ainda aí havia virtude. Nem vaidade, nem orgulho, com pasmo o afirmamos, mas com sincera satisfação da nossa análise. A simplicidade nascia-lhe espontânea, sem artifício, nem esforço, como prenda nativa de que ela mesma não se apercebia, de que não tinha conhecimento, para o que nunca talvez ninguém lhe tivesse despertado a atenção, que ela não reparou em outrem, ou fingiu não ver.

Esse predicado era um nimbo a envolvê-la na ara do delubro em que devia ser idolatrada.

*

As visitas de Camilo a Lucília se amiudaram com frequência até que no mês imediato ficou convencionado o enlace matrimonial, com grata satisfação dos pais da moça. A união do casal celebrou-se logo depois com simplicidade, ficando eles residindo num modesto apartamento da rua Saint-Honoré, no mesmo prédio em que morava Jaques.

Carlos também renovava as suas visitas a casa de Henrique Portier para alimentar a simpatia pela interessante mocinha.

Dois meses depois da festa aniversária dela, deu-se o caso de encontrá-la uma tarde nos Campos Eliseus a passeio com sua cunhada Lucília, acompanhadas por uma aia.

O moço aproximou-se e estendeu a mão para cumprimentar as duas damas.

Matilde enrubesceu levemente quando ele levou a sua mão aos lábios para beijá-la. Desde algum tempo se ia desvelando o segredo que parecia estar escondido naqueles corações.

Era a segunda vez que Carlos podia balbuciar algumas palavras ternas àquela que lhe despertara forte comoção, e não quis perder o ensejo de revelar-lhe o que desde muito lhe andava a avoejar no cérebro, como abelha dourada e lançar-lhe o mel da ventura na urna do coração.

— Não sei se a vim perturbar no prazer que gozava antes da minha, talvez importuna, chegada, murmurou ele como sinfonia de abertura.

— Se lhe dissesse sim, não seria má?

— Seria, mas se dissesse não, a sua voz teria a doçura da de uma sereia.

— Que faria, se eu me calasse?

— Ajoelhava-me a seus pés suplicando-lhe uma palavra.

— Há tantas palavras...

— Mas uma só basta ao coração... quer que diga?

— Diga.

— Não é preciso. Estou a lê-la nos seus olhos.

— Soletre e ensine-ma. Eu não sei ler.

— São quatro letras apenas, mas com elas têm sido escritos milhares de romances.

— Já sei. Porque não mas descreve nalgum dos

seus versos? Tem sido muito ingrato em não se recordar de mim para sua musa. Tenho lido os seus versos no *Jornal da Época* e na *Crônica de Paris*. São tão líricos...

— Afianço-lhe que amanhã mesmo receberá o desencargo de uma obrigação, que me imponho agora, e de cuja falta rogo perdão.

Nesse momento passava a pequena distância Roberto Corday, que lançou um olhar significativo em Matilde.

— Quem é aquele moço? conhece-o? perguntou ela, desviando o rosto.

— Um libertino, que naturalmente vive entre a escória da cidade. Tenho-o sempre visto em más companhias.

— Que pretenderá ele de mim? Já o tenho encontrado várias vezes, e olha-me com insistência.

— Simpatiza com ele?

— Se eu enlouquecesse, talvez pudesse supô-lo. Também se enlouquece de amor.

— Não há mais lugar em meu coração.

— Serei eu quem está lá dentro?

— Pergunte-mo em verso, já lhe disse.

Como se vê, idílio de quem tem apenas 14 anos. Era uma criança Matilde, mas valia poemas, que poucos poetas seriam dignos de decantar em exaltações de beleza e formosura.

Poeta, escritor e jornalista, era-o Carlos, e dos mais eminentes que por essa época figuravam na imprensa, colaborando na grande obra da reação democrática, por sinal que ràpidamente escreveu estas quadras num *carnet* que a moça leu, arquejante de suave emoção, e guardou no seio — relicário virginal de suspiros e aspirações.

Essa, de olhar prateado e cabeleira de ouro,
A mais virente flor da atual primavera,
Tem na concha da boca um rútilo tesouro
De alvas estrelas, quais as da cerúlea esfera.

Hoje passou por mim, radiou-se num sorriso,
Afastou-me da estrada os ásperos escolhos,
E abriu de par em par a porta ao paraíso
Em mostrar-me a palavra — amor — dentro dos olhos.

Erguera-se Carlos reconduzindo Matilde a juntar-se a Lucília, pois que já se fazia tarde e era de mister que se separassem. Tomaram uma sege e dirigiram-se à sua residência, onde cada qual se apartou com as mais santas demonstrações de júbilo.

III

Com o ruidoso êxito que teve o seu opúsculo revolucionário *A Filosofia do Povo Francês,* com que fêz sua estreia na política, Camilo estava no pináculo da glória, considerado como chefe dos jornalistas e um dos vultos talhados para dirigir o movimento reacionário contra os desmandos da época de agitações por que passava a sua pátria.

Uma pequena gagueira impedia-o de obter completos triunfos na oratória. Não obstante, possuía ideias generosas e talento de escritor, que foram postos depois ao serviço da Revolução, tornando-se companheiro de Robespierre.

A publicação do referido panfleto apressou a marcha da revolução, chamando às armas a multidão reunida no Palácio Real, agitada ao demais com a demissão de Necker (1), isto em 11 de Junho de 89. Camilo tentou dirigir os destinos da pátria, quer pela parte que tomava nas deliberações do Clube dos Jacobinos (2), quer sobretudo pelos panfletos, nos quais dava expansão às suas ideias generosas e republicanas. No primeiro opúsculo, *A França Livre,* publicado a 11 de Junho, proclamava o direito da nação na escolha do seu governo, no segundo — *Discurso da Lanterna aos Parisienses* — fazia um apelo à moderação. *As Revoluções de França* eram uma publicação periódica, em que combatia violentamente a causa da contra-revolução.

---

(1) Jaques Necker, banqueiro de grande reputação, da confiança do povo e de Luís XVI, Ministro das Finanças, que tentou inùtilmente realizar reformas honestas e progressistas. Era pai da notável escritora Mme. Staël.

(2) Agremiação política, cujas reuniões se faziam no antigo Convento de São Domingos, ou Jacobinos, à rua Saint-Honoré.

Apesar do seu jacobinismo, não obteve tanto êxito como deputado quanto nos seus panfletos. Todavia, continuou a sua campanha contra os girondinos (1), aos quais atacou na sua *História dos Brissotins* (2).

No seu lar havia nascido um filho, a que deram o nome de Horácio.

*

Cidadela durante dois séculos, a Bastilha fôra uma defesa construída contra os ingleses, passando depois a prisão do Estado, por influência do Cardeal de Richelieu, que a converteu exclusivamente em prisão aristocrática de fidalgos e de homens de letras. A ralé social ia para Bictêtre e os ladrões para a Châtelet.

Para o povo, a Bastilha era o símbolo dos abusos do poder monárquico, e custava 300.000 francos por ano, sendo que no primeiro semestre do ano 81 só havia sido recolhido ali um único prisioneiro, de maneira que o honrado Ministro Necker quis extingui-la por economia, mas não encontrou eco na sua vontade.

Não podendo conter por mais tempo a sua indignação contra a autocracia dos detentores e magnatas do Governo, tanto mais indignada pela demissão de Necker, dada em 11 de Junho de 89, uma turba-multa de milhares de cidadãos, tendo à frente Camilo Desmoulins, que chamara às armas essa multidão, reunida no Jardim do Palácio Real, na manhã de 14 de Julho correu em direção ao monumento dos Inválidos (3), em busca de armas. Sabendo que na Bastilha havia um depósito maior, a onda do populacho marchou para a célebre prisão e tomou-a de assalto sem encontrar grande resistência, aí

---

(1) Partido que formava a esquerda, ou a oposição, e que assim se denominou por ser constituído na sua maioria de elementos eleitos na Gironda. Eram os representantes das ideias moderadas.

(2) Referência a Brissot, um dos chefes girondinos, nascido em Chartres e decapitado em 93.

(3) Suntuoso monumento, onde em 1840 foram recolhidos os despojos de Napoleão Bonaparte.

exterminando 95 inválidos e 30 suíços, e perdendo na refrega alguns populares.

De regresso da audaciosa façanha, os insurretos entoavam, com o Capitão Rouget de Lisle na cabeça do préstito, a Marselhesa em louco entusiasmo, que se inflamava por todas as camadas da plebe.

Era o início de uma reação que se anunciava contra os desmando e atrofiamentos da vida misérrima que o povo sofria, e da qual Vitor Hugo nos apresenta uma bela página nos *Miseráveis*. Era a reivindicação de direitos conspurcados pela realeza, em virtude da sua inépcia governamental, da sua covardia para vencer a depressão geral, da sua disposição por manter no seu *stato quo* uma atitude de abandono e desinteresse pela causa pública. Eram os pródromos de novo estado de vida política, em que viriam a ter posição proeminente os chefes da situação: Robespierre, Danton e Marat — e da qual havia de resultar a proclamação da República, três anos depois.

Esse importante fato veio colocar em grande evidência o filho de Jaques, apesar do seu jacobinismo.

Nada obstante, depois dos acontecimentos do Campo de Marte, em que houve sacrifício de vidas dos fautores da reação monárquica, o ardente democrata retirou-se da política por algum tempo, indignado certamente com as arbitrariedades e violências cometidas, mas voltou à imprensa, em Abril de 92, com a publicação do jornal *Tribuna dos Patriotas*.

Era o ardor da liberdade que inspirava o honesto republicano.

*

Em 91 Pedro Corday foi eleito deputado à Convenção Francesa.

Mantendo amizade a Camilo Desmoulins, embora filiado ao partido girondino, resolveu fazer-lhe uma visita, tendo convidado sua irmã Maria a associar-se ao passeio. Havendo Roberto demonstrado desejos de ir junto, reuniram-se os irmãos e partiram para a rua Saint-Honoré.

A essa hora Camilo achava-se no apartamento de seu pai.

Estabeleceu-se perfeita intimidade entre todos, tendo Maria dispensado especial simpatia a Geni. Esta, por sua vez, não pôde esconder a singular atração sentida pelo jovem Roberto, a quem por diversas vezes vira em companhia de seu irmão Camilo, e que convidou a sentar-se a seu lado.

E' que havia sido sua esposa clandestina em vida transata.

Cortês, mau grado os seus defeitos, o filho de Gualtério esforçou-se por ser gentil.

— Sou-lhe agradecido por desperdiçar as suas atenções com quem não tem boa moeda para retribuí-las, disse o farsante à moça.

— Não importa. Sou bastante compensada pela abnegação dos meus gestos.

— E' uma virtude apreciável, senhorita. Direi mesmo que essa renúncia é uma face da beleza, mais na mulher do que no homem.

— Já sondou o íntimo de alguma?

— De quantas, Deus meu! A maior parte nada quer sem interesse.

— Pensei que a maior parte só aspirava... à unica coisa que a mulher pode sèriamente cobiçar.

Roberto percebeu aonde Geni queria chegar, e disfarçou a contrariedade.

— O respeito impede-me revelar a principal aspiração das mulheres em geral.

— Das mulheres que se vendem. Parece que é a essas que o senhor se refere.

— Em cujo número não estão os anjos da inocência, aqueles que remontam aos horizontes em que a senhorita adeja.

— Obrigada. Sou eu por minha vez que não tenho moeda para retribuí-lo.

— Saldemos as contas. Estamos quites.

Nesse momento entrava Matilde acompanhada por

sua mãe, havendo um movimento de atenções, durante o qual as pessoas presentes se cruzaram e, depois dos cumprimentos e apresentações recíprocas, vieram colocar-se na sala, de forma a ficar Geni fazendo as honras a Margarida, porque Lúcia se havia retirado para o interior, sentando-se Matilde ao lado de Maria, a quem beijou afetuosamente, passando-lhe a mão pela cabeça e perguntando-lhe:

— Como se chama você, interessante menina?

— Maria.

— Bonito nome.

— E' o da mãe de Jesus.

— Diz-se que esse nome é apenas uma confirmação, interveio o metediço Roberto, que se havia aproximado. Todas as mulheres são nativamente Marias, talvez porque são santificadas.

— Nem todas. Algumas são verdadeiros demônios, replicou Matilde, que já sentia o vírus de alguma serpente que ali rondava, oculta na delambida metáfora de Roberto.

— Felizmente nesta sala não está nenhuma dessas. Aqui só vejo anjos.

— E a respeito de homens, não haverá algum demônio? perguntou a moça maliciosamente.

— Um só, que sou eu, respondeu o interlocutor, sem vacilar.

— Cruzes! não diga isso, Roberto, interveio a pequena Maria.

— Só a voz da inocência protestou, murmurou aquele tìmidamente, após pequeno silêncio. D. Matilde responde tàcitamente, como o Cristo a Pilatos: "Tu o disseste".

— Pois não foi o senhor quem se confessou demônio? Não me cabe desmenti-lo.

Nesse momento Maria levantava-se e dirigia-se para Geni, ficando sentada a seu lado.

— De fato, tenho um demônio aqui dentro dalma, uma chama satânica que me queima, mas porque não pude ainda suplicar daquela que me abrasou a linfa com que consiga abrandar o fogo interior, disse, sentando-se ao seu lado.

— Em que me pode interessar o seu suplício? ponderou a moça, já muito nervosa e aborrecida com a brutalidade da confissão intempestiva.

— Em tudo. Preciso aproveitar essa oportunidade, que se me oferece, para dizer-lhe sem mais rebuços que a amo desde longo tempo, dês que a vi várias vezes, passeando nos Campos Elíseos. Sabia que era filha de Henrique Portier, de quem tenho as melhores referências e, quanto a mim, apresento-me como irmão de Pedro Corday, filho de Gualtério Corday, sobrinho de Corneille.

Matilde sentiu um calefrio percorrer-lhe a espinha dorsal. Achava-se gelada, trêmula, quase muda ao terminar daquela estopada. Lembrava-se de que Carlos lhe havia informado que Roberto era sujeito de má fama, frequentador de roda ínfima, e sentiu-se humilhada com a ideia de que tivesse despertado tão sèriamente sentimentos de amor em tal indivíduo. Supunha a princípio que o namoro dele não passasse de mera distração, e nada mais. Porém, não houve remédio senão quebrar o silêncio que se fêz, pois o audacioso galã aguardava a sua palavra.

— Sinto dizer-lhe que o meu coração já me não pertence. Olhe para aquele gabinete, e verá sentado ao lado de seu irmão Pedro Corday o também irmão de meu escolhido.

— Quer dizer que Carlos Desmoulins é o seu preferido?

— Para a vida e para a morte.

— Bem; sou um réprobo, um maldito... paciência.

E ergueu-se lívido, rugindo interiomente.

Não havia passado despercebido a Pedro o colóquio de seu irmão com a moça, e ao regressar, já em caminho de casa, teve uma disputa com ele, a quem interpelou perguntando-lhe se era para isso que desejara vir a casa de Jaques, ao que o outro atendeu com modos irritados, terminando por dizer que não podia adivinhar que Matilde ali viesse.

Desde algum tempo se estabelecera uma tal ou qual incompatibilidade entre esses dois irmãos, que, como já foi dito, não se assemelhavam a Eros e Anteros, devida à conduta irregular de Roberto. Este não escondera a sua paixão por Matilde, havendo-a revelado a Pedro, e daí a atenção deste durante o tempo em que os dois interlocutores conversavam na sala.

Chegados a casa, Pedro apressou-se a delatar ao pai o que sabia, dando isso ensejo a séria contenda de Gualtério com o filho, a quem proibiu terminantemente qualquer ligação amorosa sem o seu consentimento. O coração do filho lhe ficaria escravizado.

Invertiam-se agora os papéis. Roberto, aquele jovem de 19 anos, tinha o coração algemado, como outrora, em vida antecedente, fizera a Matilde, sua filha, e o mais interessante é que a punição vinha por intermédio dela.

*

Quando se retiraram os três irmãos, Geni, observadora meticulosa, como quase todas as mulheres, notou a desfiguração em que ficara Matilde, que vira em íntima palestra com Roberto. Quis sondá-la e não lhe foi difícil, perguntando-lhe à queima-roupa:

— Não achaste simpático o Roberto Corday

— Não fiz reparo à sua pessoa, respondeu a outra com displicência.

— Como assim, quando estiveste em tão secreto convívio de palavras?

— Pois acredita que não reparei nele, nem prestei atenção ao que me disse.

— Morde aqui, tolinha. Vou jurar que estás apaixonada por ele e queres guardar sigilo. Para que isso, se a gente, tade ou cedo, virá a saber?

— Vê como és imprudente, tramando uma calúnia em que envolves teu irmão. Bem sabes que amo a Carlos e que até agora não me arrependi de consagrar-lhe o meu pensamento.

— Isso já o sabia eu, mas quis acicatar-te para que te pronunciasses.

— Pois pronuncio-me, revelando-te que *dei de tábua* ao teu simpático Roberto. Já agora sou eu a dizer que ès tu que estás apaixonada por esse... por esse...

— Esse quê?

— Esse pedaço de matéria animada.

— Pedaço de matéria? Então não é um homem inteiro?

— Creio que lhe falta alguma coisa. Se não é no corpo, é na alma.

— Que sabes tu a respeito? Conta-me, Matilde, exclamou a aflita criatura, segurando-lhe as mãos, quase a desfazer-se em pranto.

— Pergunta a teu irmão, que melhor te informará quem é Roberto Corday.

E assim deixou Matilde em suspenso a sua amiga Geni, por não querer nada afirmar sobre assunto de que não tinha absoluta certeza. Agia com critério para não cometer uma leviandade. A ela bastava haver dissipado as pretensões absurdas de um sujeito, que, além de lhe não merecer simpatia, oferecia-se com audácia, sem prèviamente haver-lhe perscrutado o coração, como era de seu dever.

Há homens assim. Sentem labaredas nos refolhos da alma e entendem que a mulher, que eles dizem haver provocado o incêndio, há-de à força buscar uns baldes dágua para apagar-lhes o incêndio devorador, que lhes carboniza as vísceras e lhes deixa o encéfalo em cinzas.

E ai daquela que refuga as suas chorosas lamúrias. Ou submete-se, ou morre na ponta de uma faca ordinária, ou de um tiro vibrado por um revólver enferrujado. Há-de amá-lo contragosto, custe o que custar, nem que chovam raios e o mundo desabe.

E, quando matam, dizem que o fazem por amor, e os jornais anunciam a tragédia em letras cabídulas:

"CRIME PASSIONAL — PAIXÃO DESVAIRADA"

Matar por amor. Oh, irreverência! Oh, incongruência! Oh, paradoxo!

Só se poderia matar por ódio, isso sim.

Pobre amor! Como te aviltam os que te desconhecem! Antes de seres filho da devassa Vênus e o ordinário e desbriado Cupido, foste um símbolo, nesga de luz, pérola engastada numa concha, gota de orvalho sobre violeta crestada, lágrima de mãe sobre a face do filho morto, soluço de viagem ao partir o noivo amado para a guerra, saudade da infância que se foi, esperança no porvir que se anuncia, confiança na placidez do presente, fé na existência de um Deus perfeito, grande na misericórdia, imenso na justiça, infinito na bondade. Porque foi Ele só quem criou o amor.

*

Aquela noite Geni passou-a em vigília, sob terrível agitação de nervos, num desassossego de espírito que a deixou sucumbida. O coração virginal ensinava-lhe a soletrar o livro inédito das grandes aflições, que até àquela data não havia desfolhado. Os pensamentos confluíam-lhe ao cérebro irresponsável, incapaz de assimilar uma ideia ponderável, de contê-la, de ajustá-la ao possível, ao razoável. Não sabia como havia de certificar-se das vagas informações de Matilde respeito a Roberto. Faltavam-lhe a coragem e a confiança para interpelar seu irmão Carlos nesse melindroso assunto. Qualquer imprudência poderia ser uma catástrofe, que a esmagaria. Nem convinha que o irmão soubesse do seu estado dalma, e daí, quem sabe se o seu silêncio não viria torná-la mais infeliz, quem sabe se realmente Roberto era homem indigno dela? Horrível situação a sua dentro desse dilema, de que não sabia como sair, que não tinha capacidade para solucionar. A sua cabeça era um caos, o coração uma chaga aberta, o seio arfava a represar lágrimas, que ela ainda não julgava ter motivo para verter, porque o desespero não lhe rondava por enquanto as ilusões surgidas numa alvorada de esperanças.

De conjunto, vinha-lhe a recordação de que ele se declarara tangido de amor por Matilde. Continuaria a querê-la? Teria renunciado a ela? Que provação horrível a do ciúme — abutre a devorar o fígado de todos os Prometeus amantes!

Quando o destino nos abre a porta à caminhada da estrada por veredas sem fim, seguimos tateando na incerteza do rumo, sempre suspeitando de acertar, jogando com o acaso, entregando à sorte o bom ou o mau êxito da jornada. Nada adianta refletir, não vale premeditar, visto como às vezes quanto mais calculada e medida se tem a marcha é que, por ironia da fatalidade, a queda em sorvedouros se torna inevitável.

Geni atirou-se à ventura, quis jogar com o imprevisto. Vestiu-se à pressa e pediu a Lúcia permissão para ir visitar a pequena Maria, com quem muito simpatizara, disse ela.

A mãe era criatura boníssima em extremo, e não impediu os desejos inocentes da filha.

— Vai, mas não te demores, filha. Bem sabes que muito me aflijo, quando te ausentas por longo tempo. Estou sempre a pensar em incidentes. Doidices, bem o sei, como se as desgraças só estivessem reservadas à minha querida filha.

— Sim, mamãe; logo que o papai chegar dê-lhe um beijo por mim.

E saiu a passo apressado, até que entrou na rua Rivoli, em casa de Gualtério.

Quem veio ao seu encontro foi justamente a menina, que, ao vê-la, soltou um grito de satisfação e lançou-se-lhe ao pescoço num espontâneo abraço. A seguir conduziu a visita ao pai, que se aproximava, e apresentou-lhe a moça.

— Já a conhecia, admiràvelmente bem animada.

— Como assim, se só agora é que me vê?

— Via-a com os olhos da alma, que também são penetrantes. Maria já me havia falado da sua amiga Geni; sòmente errou nos traços do pincel. Não admira, é má pintora de retratos.

— Disse-lhe talvez que eu era loura, quando sou

morena, que era gorda, quando sou magra, que era bonita, quando sou feia, detestàvelmente feia...

— Falso, falsíssimo. Justamente disse que era bonita sem mais adjetivos, mas vejo que é linda como os anjos de Rafael, que, dizem, os pintou mais belos.

— Não me confunda, que tenho pouco jeito para defender-me contra a lisonja.

— Antes de mais nada, devo convidá-la a jantar conosco.

— Ficará tarde para o meu regresso.

— Não se aflija por isso, que a conduzirei ao seu domicílio.

As horas foram entretidas em assuntos vários, até que Gualtério deixou a moça com Maria. Esta levou-a a passear ao Jardim das Tulherias, que ficava fronteiro ao seu apartamento, e ali se sentaram num banco.

— Não imagina como lhe fiquei querendo bem, disse a menina.

— Também eu a você.

— Mentira, está falando assim para que eu não fique zangada.

— Porque havia de mentir? Se não a estimasse, não viria vê-la.

— Isso é verdade. Você agora me tapou a boca.

— Ficou convencida?

— Mas eu gostava de saber até aonde chega a sua camaradagem. Imaginemos uma distância muito grande, por exemplo...

— Daqui ao fundo do Bosque de Bolonha.

— Isso não é nada. Daqui até... Marselha, de Marselha ao Havre, a Bordéus, toda a Bretanha, a Normandia, o Vosges...

— Já estudou geografia?

— Comecei agora, mas acho-a tão atrapalhada com a confusão de nomes.

— Pois bem, a minha amizade, perguntou você, é maior do que toda a Terra.

— Deveras? Pois eu gostaria que nunca mais nos separássemos.

— Isso bem pode acontecer.

— Como?

— Estimando-nos por toda a vida.

— Olhe, Geni, só vejo um meio.

— Qual é?

— Não fica zangada se lhe disser uma coisa?

— Você é tão inocente que não pode dizer coisas desagradáveis.

— Pois então lá vai: gostaria que você casasse com Roberto.

Geni sentiu um sobressalto imprevisto e, tomando a cabeça de Maria, imprimiu-lhe na fronte um ardente beijo.

— Já vejo que não ficou aborrecida comigo.

— Não, de certo, mas não sei se Roberto gosta de mim.

— Há-de gostar, que remédio tem ele. Vou mandá-lo estimar a você, quer?

— Criança, bem se vê que tem 11 anos; não sabe ainda medir as coisas. Olhe, meu anjo, a amizade de um homem é diferente da de uma mulher a outra. Não pense que se poderá dar com Roberto a mesma coisa que houve entre nós, acerca da simpatia.

— Pois não estavam ontem conversando como dois camaradas?

— Só isso.

— Pois se você quiser, hei-de perguntar-lhe se gosta mesmo de verdade.

— Vê lá, não vá fazer tolices.

E ergueram-se para regressar a casa, onde já havia chegado Roberto, que saudou amàvelmente a visitante.

A menina adiantou-se a falar.

— Escuta, Roberto.

Nesse momento Geni segurou-a pelo braço como que admoestando-a para que não fôsse indiscreta.

— Escuta o quê? perguntou o moço, fitando curiosamente Geni, cujo gesto ele percebera.

— Tinha uma novidade para contar-te, mas só mais tarde.

— Assim será pior. Com a demora, a novidade poderá envelhecer, e então será uma velharia conhecida de toda a gente.

Geni riu-se da engraçada resposta.

Foi servido o jantar, estando Pedro também presente, o qual honrou a visitante dispensando-lhe considerações especiais. Só Roberto permanecia cerimonioso e pouco loquaz com aquela que ali viera exclusivamente para sondar o oceano onde tinham de navegar os seus destinos. Assim o nauta, na direção do leme, em noite trevosa, tendo receio de lançar a embarcação alto mar, serve-se de seus óculos e procura penetrar nos segredos da natureza, perguntando-lhe através das observações telescópicas se vai haver borrasca ou calmaria.

Gualtério contemplava embevecido a gentil donzela, e notava-lhe a delicadeza dos gestos e a distinção das palavras.

A moça havia-se assentado à sua direita, tendo ao lado Maria. À esquerda ficaram Pedro e Roberto.

— Bem longe estávamos de suspeitar que fôssemos honrados no jantar com a presença de tão amável comensal, disse o chefe da casa para quebrar o silêncio.

— A que devemos tão grande distinção, senhorita? perguntou Pedro.

— A um acaso fortuito. Vivo tão só em casa, pois meu pai se ausenta amiúde, meu irmão Carlos passa os dias nas suas campanhas de jornalismo político...

— Tem muita razão, concordou Gualtério.

— Por isso, ela veio ver-me, interveio Maria, reclamando direitos.

— E' natural, pois és a única pessoa que pode atrair uma moça. Aqui só há homens depois de ti.

— Foi por isso que eu disse a Geni...

E não pôde continuar porque esta, por baixo da mesa, tocara-lhe na perna como a avisá-la de que não fôsse tagarela.

— Disseste o quê? perguntou-lhe o pai.

— Disse... que ela devia aqui voltar muitas vezes.

— Fizeste bem. A senhorita terá sempre o mesmo benévolo acolhimento.

— Obrigada... Talvez que incomode seus filhos.

— Nem pense nisso, D. Geni, observou Pedro.

— Roberto também ficará satisfeito, não é verdade? perguntou a travessa menina.

— Certamente. Seria muito grosseiro se me enfadasse com a presença de uma jovem que faz jus aos maiores respeitos.

— Bravo! assim é que eu gosto, interveio a irrequieta Maria.

— Possuo dois filhos solteiros, por conseguinte estou habilitado a ver mais tarde sentadas à minha mesa duas noras. Assim não serei tão insulado no lar, disse Gualtério.

— Tenho uma ideia muito boa... adiantou de novo a pequena.

Terceiro aviso de Geni, apertando-lhe o joelho, fê-la calar.

— Dize lá a tua ideia, exigiu o pai.

— Alguma tolice, ponderou Roberto.

— Então seria tolice você casar com Geni?

A filha de Jaques enrubesceu até sentir o fogo queimar-lhe as faces, e nem pôde fitar Roberto para ver o efeito de uma declaração que não teria coragem de fazer tão ab-ruptamente, nem havia encomendado. Refletiu na humilhação em que ficaria, se Roberto suspeitasse ser ela quem houvera industriado a irmã para semelhante obra. Nem ao menos lhe era lícito desfazer as palavras da menina, até porque o coração as acolhera como a um bálsamo. Ser-lhe-ia agradável ouvir a resposta do moço, desejaria encará-lo para ler-lhe a fisionomia, adivinhar-lhe os sentimentos, penetrar-lhe o íntimo, mas o vexame continuava a impedi-lo. Tudo isto atravessou-lhe o pensamento numa rapidez de relâmpago, mas a claridade não se fazia, talvez não se fizesse senão para deixá-la fulminada, como o raio que sucede ao relâmpago.

— Oh, minha filha, observou Gualtério, como queres tu dispor do coração da tua amiga?

— Ela já mo deu, não é verdade, Geni?

— E', respondeu a moça como num desafogo aliviador.

— Pois então eu poderia passá-lo a Roberto, ora aí está.

Não se modificara a situação, antes, ao contrário, se agravara. Tinha a palavra Roberto para decidir o pleito em tão arriscada contenda, que uma criança provocara com armas perigosas, talvez mortais.

— A senhorita é bastante inteligente para levar à conta de infantilidade as palavras de minha inexperiente irmã, interveio o interpelado. Ela não só a vem vexar com assunto melindroso a todos os respeitos, como colocar-me em embaraços para desfazer puerilidades que bolem com os nossos mais secretos escrúpulos. Não se arguem motivos de amor senão quando já houve uma inteligência entre aqueles com quem tal sentimento foi acalentado.

— Tens razão. Assim é que te quero, disse o pai, por isso mesmo foi que te aconselhei ontem a ouvir-me nessas resoluções. Quero-te obediente, como todo filho que respeita seu pai.

— Bem sei; meu pai resolveu governar-me o coração. E' uma violência incrível.

— Para quem não tem critério em governar-se a si mesmo, é uma providência.

— Rogo-lhe evitar-me o vexame de uma discussão tão humilhante diante da senhorita Geni, de quem eu desejaria ouvir o que pensa sobre o que de mim ouviu.

— Convenho no que o senhor teve o bom senso de externar, e levo à conta de bons sentimentos a travessura de sua irmã. Às vezes as crianças são oráculos a que não se presta atenção, disse a moça como soltando um balão de ensaio.

— As suas palavras parecem esconder uma decifração dos oráculos, observou Roberto, sem entender o sentido oculto da interlocutora.

— Não decifrei coisa alguma. A minha visão do futuro é ainda um problema.

Terminara o jantar. Todos se ergueram, e logo a seguir Gualtério conduzia a moça a sua casa, onde foi recebido com demonstrações de cativante gentileza por Jaques e sua esposa.

Conversaram até tarde da noite com a maior cordialidade, como se fôssem amigos de longos anos, e terminou Jaques por insistir pela continuidade das visitas do recém-vindo, nas quais teriam motivos para gozar recìprocamente a solidificação de uma simpatia assaz espontânea.

Pelo caminho vinha Corday considerando com os seus botões:

— Parece-me que a pequena tinha razão; bem disse Geni que as crianças às vezes são oráculos. Pois não é que acho esta moça um excelente partido para Roberto?

Ele pensava na felicidade; mas a felicidade é como o arco-íris para os que, havendo nascido cegos, nunca puderam vê-lo.

IV

O acolhimento de Carlos no seio da família Portier fora dos mais sinceros, havendo, principalmente da parte de Margarida, uma viva satisfação por ver enlaçados, em mútua inclinação, aquele moço e sua filha, a quem consagrava o mais puro amor materno, tanto mais havendo a ele proporcionado a educação escolar.

As visitas do jovem se amiudavam e eram acolhidas com cuidados dispensados, quais a um filho, que ali viesse em busca do abraço familiar no aconchego do lar comum, parecendo que mãe e filha se disputavam a primazia nos carinhos ao moço poeta, que acabou por tornar-se noivo ao cabo de quase quatro anos, ou seja em meados de 92, ficando convencionado o consórcio para o fim desse ano.

Era bem a reminiscência intuitiva do passado, quando a meiga irmã de Carlos IX sacrificava-se em servir aos tristes amores dele com a Condessa de Leicester, que lhe estimulava essa vontade de ver a filha unida ao desditoso de eras passadas, se porventura a fatalidade, como uma megera sem entranhas, não viesse de novo levantar-se para impedir o enlace dessas almas gêmeas.

Como presente de noivado, Carlos ofertou a Matilde uma medalha de ouro, com o retrato dela estampado sobre porcelana, obra artística de grande mérito, devida a um especialista no gênero.

O noivo invariàvelmente chegava à noite e era recebido à entrada da sala pela jovem, que já o aguardava com a impaciência dos corações juvenis.

Davam-se então colóquios a respeito dos fatos que por aquela época retinham a atenção pública no tocante aos sucessos tumultuários da política.

— Deves ter muito cuidado, meu Carlos, com a atitude que estás tomando nos artigos que escreves no *Jornal da Época*, disse uma vez a moça ao noivo.

— Bem vês que sou prudente na linguagem empregada, toda ela vazada em sentimentos de ordem. Compara os meus argumentos com os de Marat no *Amigo do Povo*, em que ele deblatera contra o rei, em que prega a revolução numa linguagem virulenta, quando não tem tanto direito quanto tenho eu, que sou cidadão francês.

— Realmente é admirável como um cidadão suíço se arvora em protetor da causa política do nosso país.

— E desfrute tão grande prestígio.

— Não tardará muito que seja preso (1).

— E' o que prenuncia toda a gente.

— Os inimigos são tantos agora, que tudo é de temer.

— Quando se tem a consciência tranquila menores são os temores.

Nem tanto assim. Vê por exemplo o que se passa conosco.

— Que nuvem sombria estás vendo, querida?

— A sombra desse homem, que me veio atormentar, o tal senhor Roberto Corday.

— Que te fêz ele?

— Nada menos que uma declaração de amor, em casa de Jaques Desmoulins.

— Que lhe respondeste?

— Que o meu coração já to havia hipotecado.

— Neste caso, deste por encerrado o incidente.

— Cuidava que sim, mas o importuno escreveu-me.

— Mostras-me a carta?

— Naturalmente que sim. Aqui a tens. Lê-a, disse a moça indo tirá-la de uma gaveta da sua secretária.

A carta rezava assim:

"Gentil senhorita Matilde:

---

(1) Por decreto do Governo, Marat esteve preso por algum tempo, em virtude de excessos de linguagem no seu jornal **O Amigo do Povo**, que depois batizou por **O Publicista Parisiense**.

E' ainda o demônio, que eu lhe disse estar violando os domínios da minha alma, quem me inspira estas linhas.
A séria paixão, que os seus raros encantos me despertaram, acorrenta-me os impulsos da energia com que eu devera governar os meus atos. Perdoe-me este desvario e aceite a causa de me defender neste prélio do coração. Não sei se lhe peça amor, se piedade, que essa transborda de seu delicado seio. Se até aos miseráveis não é ela negada...

Disse-me que amava a outro; essa revelação, dolorosa para mim, feriu-me, mas não me matou infelizmente. Vivo para estorcer-me no infortúnio, no desespero, e cobro alentos para travar combate à vertigem que me acometeu.

Quero ter a razão esclarecida, quero ter o coração tranquilizado.
Não sei o que mais possa pedir-lhe, senão que me responda se consente que um infeliz agonize nos espasmos de infinita dor e sucumba sem um reagente que o faça volver à vida.

Roberto Corday "

Terminada a leitura, que Matilde esperou ansiosa, observando minuciosamente as contrações que Carlos fazia e as impressões que lhe ia deixando a carta, ele pediu-lhe licença para guardá-la e a ela responder. Matilde estremeceu à ideia.

— Que guardes a carta, não to nego, porque tudo te consinto, menos entrares em conflito com esse homem, que disseste ser de baixos sentimentos, capaz talvez de armar o braço contra o seu semelhante.

— Nada receies, minha querida; este homem revelou-me uma nova face da sua miséria moral: é um imbecil, um parvajola. Quem escreve estas estultícias dá triste sinal de seu estado mental. Com esta carta intenava-o num manicômio.
— Prometes-me não responder a ela?
— Está feito, mas não me impedirás de fazê-la vol-

ver às mãos dele, não é verdade? perguntou Carlos, cingindo-a pela cintura.

— Se te conduzires com prudência, evitando maiores consequências, aprovo-te o que fizeres.

— Confia na minha tática de hábil acomodador de situações.

Despedindo-se da sua eleita, o moço regressou a sua casa.

Matilde foi distrair o espírito preocupado, entregando-se à leitura do romance *Corina,* de Mme. Staël, que acabava de sair à luz da publicidade.

*

Como ficou entendido, no primeiro encontro de Geni com Gualtério, este se impressionara muito com essa moça, achando-a excelente escolha para esposa de Roberto, que aquele desejava ver casado no intuito de experimentar se o filho se regenerava da vida dissoluta a que se entregava.

Dias passados, foi Corday com sua filha Maria a casa de Jaques.

Neste segundo encontro a sua impressão foi mais acentuada com as claras demonstrações de simplicidade e meiguice de Geni, em quem se refletiam as elevadas virtudes de seus progenitores.

— Como ficou preestabelecido entre nós — e o prometido é devido —, venho apertar em mais íntimos laços o cordão de ouro da nossa amizade, senhor Jaques, disse Gualtério, sentando-se num divã.

— E que Deus permita nunca se afrouxem, respondeu o dono da casa.

— Assim seja. São tão raros os casos de se nos depararem na existência pessoas de sentimentos afins pela simpatia, que não há como segurá-las antes que fujam.

— Ou que acabem por mostrar as garras, observou Jaques rindo-se. Nem sempre é judicioso nos fiarmos nas aparências.

— Num caso desses, que tem muita razão de invocar, corta-se o nó estabelecido.

— Contanto que não deixe ficar vestígios de sangue.

— Nem atentem contra a dignidade dos que nos são caros, e ambos temos responsabilidades bem graves nesse particular.

— Não o percebi.

— Pois não é responsabilidade ter filhos a dirigir, a defender de desatinos, a vigiar para que não se deixem escorregar pelos tentadores resvaladouros dos prazeres impuros?

— Isso é bem assim. Felizmente parece-me que a Providência me galardoou com três, que até agora têm demonstrado o mais acertado critério.

— Também a mim, com exceção de Roberto, que, devido à sua pouca idade e nula experiência, precisou de um freio para dirigir-se, e espero que, em se casando — e serei eu quem lhe há-de achar noiva condigna —, acabará por tomar juízo.

Está arranjado como agente comercial de uma companhia, e vive desafogado. Tenho uma filha em Caen, Carlota Corday, que teve a mania de entregar-se ao estudo da literatura e da filosofia, e lá se vai arranjando como pode, mas, graças a Deus, não dá que falar às más línguas.

Esta conversa foi ouvida por Geni, que prestou atenção às referências sobre Roberto. Era uma informação insuspeita sobre o caráter dele, que lhe trouxe grande alívio. Já era alguma coisa do muito que cobiçava saber.

Certo, faltando o amor do moço, faltava tudo, mas o essencial era saber a quem tinha de ligar o seu destino. O resto viria depois, se viesse. Entregaria a Deus o porvir.

— E a senhorita Geni, em que sonha? perguntou ab-ruptamente Corday, que visava dirigir o assunto por caminho em que ela havia de ser atingida. Ainda não disse uma palavra. Verdade é que nós monopolizamos o tempo. Perdoe-nos.

— Ainda não tive tempo de sonhar, disse a moça, mentindo à sua consciência.

— Pois tem andado retardada. Na sua florida idade, como rosa que já abrolhou e que oferece o perfume aos rapazes de bom olfato, merece reprimenda por se guardar egoìsticamente no seu castelo virginal.

— Minha filha vive algo reclusa, relegada da sociedade onde se adquirem relações e se inflamam amoricos. Também não me atormentam urgências de vê-la enleada nas malhas de alguma inclinação menos digna da minha anuência.

— Faz muito bem. Tudo vem a seu tempo, como a planta que nasce e se desenvolve ao influxo da natureza e sobretudo da ação providencial. Eu creio muito no destino, do que se chama determinismo.

— Variante da fatalidade, completou Jaques.

— Mas menos flutuante e orientada. Ora, ouça: o determinismo é o efeito inflexível da ação divina, que é acoroçoada ou alterada na prática pelo homem, segundo seja a natureza com que este agir na face da Terra; a fatalidade é a consequência mutável, incerta do livre arbítrio humano, às vezes inconsciente e caprichoso nas suas diretrizes, nos seus decretos, nas suas conclusões. Aquele é obra da Providência, esta o é mais do homem. Eu me explico: se brota espontâneamente na terra uma roseira de rosas brancas, todas nascerão brancas; se nasce cega uma criança, assim viverá, caso não tenha cura; se morre um homem sob as rodas de um carro, obedece à mesma lei do determinismo, como nos casos precedentes. Mas, se no galho da roseira branca enxertarem um outro de rosa vermelha, passará a planta a produzir rosas vermelhas; se a criança nasce vidente e lhe lançam aos olhos um ácido, ela fica cega; se o homem imprudente, vendo um caminhão pesado aproximar-se, não se desvia dele, morre sob as suas rodas. Nos primeiros casos houve a lei do determinismo a governá-los, nos segundos foi a fatalidade que interveio.

— De pleno acordo.

— Nos acontecimentos do determinismo há a colaboração *passiva, construtora* do homem, nos da fatalidade atua a sua colaboração *ativa, destruidora* — eis a diferença entre a obra divina e a humana. O determinismo é causa, a fatalidade efeito.

— Muito bem argumentado.

— Assim pois, permita-me um exemplo, e não se moleste: Se o meu filho Ricardo amasse a sua filha e fôsse amado, veríamos nessa aproximação recíproca e espontânea o efeito do determinismo. Se os casássemos à força, o enlace seria obra da fatalidade.

Geni escutava estas divagações filosóficas com entranhado interesse, e culminou no espanto à peroração. Já não era a consoladora comparação que a impressionara, tendo-se como a hipérbole do exemplo, mas ver arrematada a sua intervenção no fato como causa da fatalidade. Esta palavra causou-lhe arrepios de horror. Para ela a fatalidade significava mais a desgraça, do que um fato que havia de suceder naturalmente. Um amor que não fôsse natural em Ricardo, seria então para ela uma fatalidade, que é como se lhe dissessem — uma desgraça.

Seria que Roberto viesse a amá-la? Não sabia ao certo. Quando lhe falou da primeira vez, notou-lhe a indiferença com que aludia às investigações sobre os sentimentos ocultos das mulheres. Lembrava-se ainda de que ele dissera que a maior parte delas nada queria sem interesse, subentendendo-se que só aspiravam ao dinheiro. Entretanto, nem ela, nem ele era rico. Talvez essa situação fôsse embaraço a que se lhe abrissem as portas da felicidade. A pobreza era, portanto, obra do determinismo, e ei-la aí filosofando e querendo esmiuçar esse ponto. Não se conteve e perguntou:

— Concluo da sua exposição, Sr. Gualtério, que a pobreza é fruto do determinismo.

— Sem dúvida, mas não se pense que, por nascer alguém pobre, não venha mais tarde a adquirir riqueza.

— Nessa hipótese, colabora a lei da fatalidade? interveio Jaques.

— Sim, mas submetida ao determinismo. Se a lei divina, a que este obedece, não consentir no advento da riqueza de alguém, não há forças humanas que derroguem aquela lei. Todo o esforço redundará em fracasso, mas, se, por uma evolução natural do destino, a riqueza deve um dia vir parar às mãos do homem, o seu esforço será coroado de êxito, e então a gralha da fatalidade ostentará as penas do pavão, como na fábula do nosso grande pensador La Fontaine. E' assim que vemos muitas riquezas destruídas, quando ao invés muitos pobres no final da vida acabam milionários. O determinismo dirigiu, a fatalidade executou.

— Admiro-lhe a erudição e a facilidade com que expõe questões que transcendem à vulgaridade.

— Nos albores da minha mocidade dei-me a leituras, que me aligeiravam as horas de ócio, intercalando-as com o estudo da Bíblia, de que sou devoto incondicional, e atualmente ainda me deleito com algumas obras de sã leitura na biblioteca da qual sou diretor no Centro dos Protestantes. Não lamentarei jamais o tempo em que me consagrei à iluminação da inteligência, que julgo ser o mais rico predicado humano. O homem que se ilustra, tem mais fácil o êxito nas suas deliberações; obra com mais segurança, pois a própria virtude moral ele não a pode cultivar sem o auxílio cultural da mentalidade.

— Assim é de fato, e eu me congratulo comigo mesmo pela satisfação de haver passado tão agradáveis momentos com o amigo, esperando que fique contratada uma série de palestras doravante. As minhas noites e os meus dias são geralmente áridos e sombrios.

— Já sua filha mo havia dito há poucos dias, quando nos foi visitar, por sinal que minha filha Maria, num requinte de delicadeza, mesclada à graça infantil, ofereceu o coração de D. Geni a Roberto.

Os dois homens riram muito da invocação do incidente e chamaram à sala a pequena, que nesse instante passeava, com Geni, no interior da casa.

— Que história é essa? Quantos corações tem você, minha flor? perguntou Jaques à menina.

— Creio que um só, como toda a gente.

— Era o seu então que oferecia ao Sr. Roberto outro dia?

— Não, senhor, era o de Geni, que mo deu.

Nesse caso é mal agradecida; desprezava um presente que lhe haviam feito.

— E' que eu gostava que ela fôsse minha cunhada.

— Ah, tolinha, que se intromete em coisas sérias demais para o seu alcance...

— Então, desculpem-me.

E saiu a correr, arrastando consigo a companheira.

— Qual será a mais travessa das duas? considerou Gualtério.

— A sua, pela graça infantil. Olhe que às vezes as crianças tem coisas que dão que pensar.

— São, como nos loucos, os momentos de clarividência.

Depois de uma pausa, Gualtério, acendendo um cigarro, entrou no motivo que ali o conduzira.

— Não sei se abordarei assunto que lhe desagrade. Se tivesse uma filha da idade da sua, já estaria cogitando de achar o meio de dirigir-lhes as volições do coração, porque, como lhe disse há pouco, tive de alçapremar o de meu filho Roberto, antes que ele andasse a dissipar suspiros pelos balcões do amor duvidoso.

— Não deixa de ter razão. Tem-me faltado ensejo de encontrar quem seja capaz de fazer a ventura de minha filha, ou, mais razoàvelmente, quem se apresentasse a disputá-la. Não devo governá-la nesse mister, porque ela tem suficiente bom senso, e já agora devo reviver as suas teorias sobre o determinismo. Geni que escolha. O mais que lhe posso fazer a ela é indicar alguém, mas quem há-de ser?

— Se me honra com a consulta, responderei.

— Pode responder.

— Meu filho Roberto.

— Vi-o ligeiramente nessa sala há poucos dias, mas suspeito que não se interessou por minha filha.

— Ficará ao nosso cuidado perscrutar-lhe os corações, concorda?

— Com prazer, obedeçamos à lei do determinismo e deixemos obrar a Providência.

Terminara a palestra com o retorno de Gualtério ao

seu lar, depois de haver posto em andamento os propósitos que o moveram à visita.

*

Geni, oculta num aposento convizinho, ouvira tudo. O coração voltara a palpitar ardentemente, pobrezinho que não tinha descanso e que estava alheio aos sucessos porvindouros. Não lhe davam tempo a repouso, ao menos enquanto se não resolvesse o mais importante, que era saber se Roberto daria o beneplácito às conspirações que se tramavam à revelia da sua vontade. Verdade é que o pai dele já lhe houvera imposto a mordaça, mas o animal podia enraivecer e atirar-se contra quem se quisesse opor aos desejos da alma indisciplinada. Geni não confiava na ação de Gualtério, no poder paternal para mandar a um filho que amasse esta ou aquela criatura, que fôsse sòmente de seu agrado. O seu critério segredava-lhe que a sua ventura dependia exclusivamente de Roberto, sendo parte secundária o pai do moço. Era preciso ouvi-lo primeiro, mas como e quando? Estava ansiosa, estimulada agora muito mais pela traça que haviam bosquejado os dois velhos. Ela se comparava a uma fogueira onde ardesse muita lenha, e, já quando as labaredas se erguiam para o alto, lançavam-lhe um barril de pólvora. Sentava-se, para logo após erguer-se agitada, passeava, e bem depressa lhe vinha a exaustão forçá-la a repousar. Mas era-lhe lá possível o repouso? Quem já viu calma em quem assim se encontra nesse dilema? Amar e não saber se é amada, passar um dia, uma hora só, um instante nessa dúvida, quando o coração ruge como uma leoa esfaimada de amor à espera do rei dos animais. Só quem nunca amou ignora a angústia desse inominável martírio.

Veio a noite, o tempo mais difícil de vencer em distância, porque é às horas mortas do sono que o pensamento se entrega libérrimo e desatado aos seus voos desatinados por esferas inóspitas, desconhecidas, a buscar um pouso em que sorver em urnas de luz o néctar da esperança, que se esquiva em aparecer aos que a chamam num apelo desesperador, como uma mãe em pungente atonia chama pela vida em prol do filho, a se debater nas vascas da morte.

Ao alvorecer do dia, quando entraram no quarto de Geni os primeiros raios do sol, encontrava-se ela apoiada ao leito ainda com os olhos pisados pela vigília. Ergueu-se mansamente e procurou o refúgio do seio de sua mãe, a quem narrou as suas mortificações, julgando com esse desabafo sufocar as suas tribulações. Lúcia já estava a par dos projetos assentados, e aconselhou-lhe calma e esperança. Repreendeu-a brandamente por se haver entregado assim passivamente a uma afeição, que não sabia se seria correspondida. Era um caso vulgar, não importa, mas passível de censura.

Como se não bastassem todos os infortúnios reunidos, os que criamos e os que nos vêm do círculo objetivo da vida, os que proliferam das paixões e os que a natureza enraíza e faz medrar no organismo, derrancando-o, como um gusano a um tronco de cerne, há por vezes para alguns entes mais experimentados nas provações uma hora, a que poderemos chamar a da visita satânica, em que um olhar, um sorriso de alguém desconhecido vem infiltrar-se na alma destraída e aí deixar impregnada o vírus letal, como o da víbora no peito do caçador descuidado, que adormeceu exaurido no seio da floresta.

Esse malefício dói mais que as enfermidades agudas e requer cuidados de cura, que por vezes falecem, deixando o enfermo repetir estes versos do vate brasileiro: (1)

Amar e ser amado, que ventura.
Não amar, sendo amado, é um triste horror,
Mas na vida há uma noite mais escura:
E' amar alguém que não nos tenha amor.

(1) Gonçalves Crespo.

V

Os instintos de Roberto nunca lhe permitiam ponderações racionais, e a prova temo-la na carta que dirigiu a Matilde.

Dir-se-ia um espírito endurecido na irreflexão desde o tempo em que fazia ligações clandestinas e jogava com a honra alheia, como se fôra um trapo inútil.

Quando seu pai falou sobre o assunto tratado com Jaques, ele teve um sorriso de mofa e um gesto despiciendo e altivo, como a provocar um conflito.

O pai não se abateu e elevou a voz com energia, dizendo-lhe:

— Bem sei ler o teu pensamento. Não me iludes, não. Não hás-de perturbar a paz na família de Jaques Desmoulins.

— Não sei onde está a sua coerência. Propõe-me ligar-me à família Desmoulins, e receia que eu lhe leve a guerra.

— Fazes-te desentendido. Sabes que Carlos é noivo da senhorita Matilde, e pretendes atravessar-lhe o caminho, como se fôsses um vilão.

— Que quer meu pai? Amo essa criatura como um alucinado.

— Mas eu não consentiria tal união, ainda mesmo que essa moça não estivesse enleada nas teias de outros amores.

— Não a julga digna de mim?

— Excuso-me de investigações. Dizes que a encontraste na rua, e foi quanto bastou para te perderes de amor. Não duvido que seja pessoa de merecimentos, sem o que não seria recebida no seio da família Desmoulins;

todavia, é noiva de outro, que se impõe à minha consideração.

— Que determina o senhor?

— Ir ao encontro dessa distinta menina, que é a senhorita Geni, e estudá-la; procura descobrir as pérolas que estão engastadas naquela alma delicada.

— Vou entregar o pescoço ao cutelo, não há dúvida.

— Nada de cenas dramáticas, meu filho; já é tempo de te deixares de hipocrisias ridículas. Faze-te homem digno.

Sabendo que Geni era íntima amiga de Matilde, Roberto, cuidando tirar proveito dessa circunstância, procurou a casa de Jaques alguns dias depois, com a intenção de falar à noiva oferecida pelo pai.

Recebendo-o com distinção, Jaques entreteve-se com ele em palestra amistosa, tendo a delicadeza de lhe não sondar as intenções da visita, mas suspeitando que a sua vinda ali era um atestado de que a filha realmente lhe houvera inspirado interesse. Achou de boa política que o moço se pronunciasse, mas por intermédio da filha, pois ignorava o que porventura tivesse resolvido o seu coração. Não deviam ser forçadas as intenções. Era de curial diplomacia deixar liberdade de ação aos que deviam representar o principal papel naquele entrecho passional. Fingiu ter alguma coisa que fazer, uma correspondência por acabar, e sentou-se na extremidade da sala junto a uma secretária, onde se pôs a escrever, confiando à filha o encargo de entreter o amigo até que terminasse o seu trabalho.

Desde que o moço chegara, Geni passava de novo por agitações violentas, acreditando piamente que essa visita era a confirmação de sentimentos nobres, o indício de que a sua amiguinha Maria talvez tivesse influído junto ao irmão, reiterando votos de aproximação, quais fizera no dia em que jantaram juntos.

— Sei que estou sendo objeto de cuidados além do que mereço, disse o moço à meia voz, tirando um lenço do bolso e enxugando a testa humedecida pelo suor.

— Já é uma felicidade saber que existe quem tenha cuidados conosco.

— São favores da deusa fortuna, com quem aliás não ando em boas pazes.

— De mim, creio que ninguém se lembra.

— Obriga-me a repelir o mau conceito em que se tem.

— Conhece alguém que possa interessar-se por mim?

Era um tiro certeiro, que vinha incomodar Roberto.

— Seus pais, o meu, que lhe quer muito bem, e, dentro dessa mesma linha, eu próprio, respondeu ele, por não poder escapar-se a uma delicadeza exigida no momento.

— Apesar disso, sinto-me como uma mulher vivendo num mundo à parte.

— Faça esforços por se conformar com a porção da sua ventura, senhorita.

— Se eu tivesse alguma parte nesse partimônio...

— Como não? Basta saber que tem adoráveis amigas, ricas de encantos, que lhe podem transmitir as irradiações da sua ventura, como a senhorita Matilde, por exemplo.

Era uma perversidade essa referência; era já um espinho que o malvado lhe cravava, avivando a suspeita de que Matilde o preocupava. Oh, a sombra de uma desconfiança, a imaginação — acúleo estilete — de que há alguém mais amado do que nós, como sangra!

Aquela alusão a Matilde, embora vaga, quebrantara-lhe o ânimo. Via ruir por terra todo o seu castelo, desfeita a miragem de sonhos, num brutal sopro da fatalidade. Sim, da fatalidade, lembrava-se bem de que aquela obra era obra falível do ser humano, era obra sua, que procurava forçar.

Vendo-a triste e pensativa, Roberto chamou-a à fala.

— Em que pensa? Contrariou-se?

— Não, apenas julgava que o senhor, enquanto falava comigo, tinha a sua concentração aqui, mas vejo que se distraía em pensamentos com alguém, que vive tranquila em sua casa, enquanto que eu...

E não pôde continuar. As lágrimas rebentaram-lhe em torrentes dos olhos, ao passo que ela levava o lenço ao rosto para enxugá-las.

Roberto envergonhou-se de si mesmo, e, tomando a mão da moça, disse-lhe:

— Perdoe-me a imprudência. A minha vaga referência a essa amiga sua, veio simplesmente à tona da conversa por saber que são confidentes dos seus mútuos segredos. Demais, não é certo que ela vai desposar seu irmão?

— Realmente.

E mudando de tom:

— Sei que o senhor a ama, ou amou-a. E' verdade?

— Confesso-lhe que sim, e não se admire de tão natural acontecimento.

— Sei mais que ela o desiludiu das suas intenções; também é certo?

— Também. Veja quanto lhe estou sendo sincero. Confirma-se o que acabei de dizer sobre a confidência de segredos entre a senhorita e D. Matilde.

Geni vacilou por muito tempo, até que se decidiu a romper o silêncio que se fazia, para sondar o horizonte, e, como que soltando um pombo com o ramo de oliveira no intuito de verificar se fazia bom tempo, perguntou indiscretamente:

— Nunca mais pensará nela?

— Antes de responder-lhe, diga-me qual o interesse que toma pelas minhas resoluções.

Seria possível que Roberto não a compreendesse até então? Era descer da sua dignidade e malbaratar os seus escrúpulos, confessar-lhe mais francamente os seus sentimentos, por isso buscou uma evasiva com esta satisfação:

— O de afirmar à minha amiga e confidente que pode doravante estar tranquila.

Agora era o moço que ficara entre Cila e Caríbdes. Como sair-se da entaladela?

— Bem fundadas eram as minhas suspeitas de que a senhorita me dispensa uma confiança, que toca as raias da amizade, mas confesso que não estava preparado para essa confidência. E' verdade que meu pai me fêz ausências suas, que ultrapassam os limites da excelsitude, porém eu devo depor a seus pés apenas as flores da simpatia e rogar-lhe que espere as graças do céu, se de lá puderem descer-me essas bênçãos animadoras.

Ia findar o diálogo, quando Carlos entrou a sala e viu sua irmã sentada ao lado de Roberto. Foi Jaques quem se apressou a apresentar Roberto ao filho. Este apertou ligeiramente a mão do outro e perguntou-lhe se já o conhecia antes daquele momento.

— Penso que sim, que já nos vimos, declarou o interpelado.

— Nos Campos Elíseos, ao lado de uma jovem, que vai passar a chamar-se Matilde Desmoulins e que me incumbiu de lhe devolver esta carta.

E entregou-lhe o papel que já conhecemos.

Roberto empalideceu e perdeu a fala, e quando ia guardar a carta, Carlos deteve-o pelo braço dizendo-lhe que exigia um recibo para, por sua vez, devolver à destinatária daquele trapo.

A carta caíra ao chão. Carlos apanhou-a e transmitiu-a ao pai, dizendo-lhe:

— Leia meu pai as parvoíces que este homem escreveu a minha noiva, para que o senhor conheça quem admitiu a confabular com sua filha naquele canapé.

Antolha-se-nos difícil descrever a cena que se seguiu, mas vamos tentá-lo. Jaques lê a carta e transfigura-se; Carlos morde os lábios encarando Geni, que baixa a cabeça e põe as mãos nos olhos como a esconder a agonia íntima. Roberto também curva a cerviz e permanece lívido, qual o condenado aguardando o veredito da justiça.

Acabada a leitura, Carlos detém Roberto, vai à secretária e escreve estas linhas:

"Declaro haver recebido em restituição um papel, em que deixei os traços da minha infâmia para com uma respeitável jovem, herdeira de um nome honrado, que se vangloria de assinar-se Matilde Portier."

— Queira datar e assinar, ordenou o filho de Jaques.

O interpelado leu e protestou contra a palavra *infâmia* ali escrita. Não assinaria o documento.

— Nesse caso, guardo a carta. Ela será publicada no *Jornal da Época*, sem o nome da destinatária, mas com o seu, para vilipêndio da sua prole.

— Faça o que entender. Peço licença para retirar-me.

E saiu fazendo uma curvatura para as pessoas presentes, que ficaram como que petrificadas.

Quando acaba de sair o corpo de um cadáver levado para o eterno repouso da terra fria, o lar, ainda enlutado, permanece no silêncio e na tristeza das grandes, irremediáveis dores. Há lágrimas, que não puderam ser represadas, e soluços pelos aposentos convizinhos da sala mortuária, agora vazia. Pois bem, era assim a casa de Jaques ao findar desta inesperada ocorrência.

A decepção deste honrado homem só poderia ser comparada à imensa dor de Geni. A rigor, para Jaques não houvera pròpriamente uma traição do moço, visto como não se tinha ele pronunciado a favor das pretensões do pai. Todavia, desfazia-se uma acomodação convinhável, quando mais não fôsse, para atender aos anelos da filha, que já amava Roberto, embora o não soubesse o pai.

Quem mais padecia agora era justamente ela, por ter a certeza de que Matilde dominava o coração do moço, que lhe mentira há pouco, afirmando a sua simpatia por ela.

Lera a carta, que Carlos lhe mostrara no intuito de libertá-la de um homem, cujo caráter ali se definia com exuberância.

Jaques rogou ponderosamente ao filho que não desse escândalo algum com a inserção da carta, no intuito de poupar o velho Gualtério a uma vergonha sem proveito para o vingador. Obediente ao pai, o moço anuiu a salvar da humilhação quem não houvera contribuído para merecê-la.

Roberto ruminara desde logo uma vingança. Para ela porém carecia do concurso de Geni, a confidente de Matilde.

Com esse propósito, escreveu uma carta à filha de Jaques, nos seguintes termos:

"Senhorita:

Depois da triste cena de ontem, não sei se lhe mereço indulgência. Justamente quando sou tangido pela harmonia das suas palavras e pela meiguice dos seus olhos, acabo vítima da fatalidade, juro-o com o coração nas mãos. Se quiser ouvir a exposição da verdade, rogo-lhe o sacrifício de vir ao meu encontro amanhã, às três horas da tarde, em frente ao portão central do Palácio do Louvre.

Creia-me seu servo

Roberto."

Procurando a irmã, disse-lhe que desejava dar um recado a Geni, mas não podia ir nesse dia ao seu encontro, porque já estivera com ela na véspera, e assim recomendava a Maria a entrega daquela carta, observando-lhe que não o fizesse senão em particular e de maneira que ninguém a visse.

E para melhor êxito da empresa, acompanhou a menina até próximo da casa, onde a deixou, aguardando com ânsia o seu regresso.

Maria, que fazia votos pela aliança do irmão com a amiga, facilitou-lhe a traça, entrou no aposento de Jaques e foi recebida por Geni, que a abraçou, comprimindo-a por muito tempo contra o seio.

Era um pedaço das suas ilusões que ela ali viu na pessoa daquela criança, que tão inocentemente lhe augurava uma ventura, que lhe fugira. E as lágrimas lhe corriam espontâneas, abundantes, humedecendo-lhe as faces pálidas da vigília e da debilidade orgânica.

— Porque está chorando, Geni? Eu trouxe uma carta de Roberto para você.

E entregou-lhe o papel, que a moça arrebatou ràpidamente e leu com afoiteza.

Terminada a leitura, respondeu:

— Dize a Roberto que sim. Amanhã farei o que me

pede, disse, respirando em largos haustos o oxigênio da esperança.

E a pequena saiu sem saber de que se tratava.

À hora aprazada do dia imediato encontravam-se as duas personagens e dirigiam-se ao Jardim das Tulherias, onde se assentaram num dos bancos, em uma praça fechada por arvoredos, aí iniciando esta prática:

— Deve ter sofrido muito desde ontem, querida Geni, mas penso que vou reabilitar-me no seu conceito e trazer-lhe a tranquilidade, começou o degenerado.

— Pode imaginá-lo nos vestígios das lágrimas que ainda me calcinam o semblante.

Levantou-se uma muralha entre nós, mas espero destruí-la.

— Já não creio. A muralha era Matilde, como eu presumia com razão.

— Engana-se. De fato amei Matilde e confessei-o lealmente, recorda-se?

— Sim, mas não me respondeu quando lhe perguntei se ainda a amava. Agora tenho a resposta mediante a carta, por onde se demonstra que a chama não foi extinta.

— Não há tal. A carta foi escrita há muito tempo. Só agora apareceu nas mãos de seu irmão. Eu ignorava que eram noivos; supunha livre a moça, que quer? Demais ainda não me havia sorrido a ventura de conhecer a formosa Geni. Sei agora que sou amado, e não refugo a felicidade que me oferta. Terei com estas palavras levado a calma ao seu espírito?

— Sim, respondeu a ingênua criatura; porém, como nos entenderemos daqui por diante?

— Do melhor modo possível. Não estamos juntos neste momento? Com o tempo e os esclarecimentos que eu conseguir fornecer, dissiparei a tempestade. Convém mantermos reserva, se possível simular que nem nos conhecemos, isso até segunda ordem. Concorda?

— Certamente. Mas os nossos encontros como se farão?

— Por meio de correspondência. Para onde poderei escrever-lhe?

— E' difícil dar-lhe uma direção. O meu aposento dá frente para o corredor da escada, mas aí não nos poderemos falar.

— Não importa. Deixarei por baixo da porta um bilhete de manhã bem cedo toda vez que precisar conversar consigo.

— Perfeitamente.

— E agora, para provar-lhe que me seguirá a sua imagem, aceite como selo de aliança este ósculo.

E beijou-a na face, já então sorridente.

Acompanhou-a Roberto até às proximidades da habitação, como o fizera à irmã, na véspera.

E recolheu-se a casa, sem nada referir ao pai sobre os sucessos do dia antecedente.

*

Oito dias depois Gualtério renovou a visita a Jaques, encontrando-o reservado e pouco comunicativo. Estranhou-o, mas supôs ser isso efeito de alguma contrariedade de ordem íntima.

— Penso que escolhi má hora para importuná-lo, desculpou-se Corday.

— Todas as horas se tornaram más para mim, desgraçadamente.

— Como assim? Aflige-me com esta mutação.

— Não soube de seu filho o que se passou nesta sala?

— Meu Deus. Dar-se-á caso que ele tenha cometido alguma ação indigna?

— Leia o meu amigo esta carta.

E ofereceu à leitura a missiva, que foi o pomo de discórdia.

Gualtério mudava de cor à medida que deslizava os olhos pelo papel.

— Quer ceder-me este documento?

— Não ponho dúvida. Guarde-o, e oxalá lhe sirva ele de alívio aos seus aborrecimentos.

Abraçando-se com semblante entristecido, os dois homens separaram-se.

De regresso ao domicílio, ouçamos a disputa que teve o desapontado velho com aquele filho rebelde aos seus conselhos.

— Aqui tenho o corpo de delito da sua infâmia. Veja se cora relendo estas estultícias.

E deu-lhe a carta.

— Uma tempestade em um copo dágua. Tanta celêuma por nada, como escreveu Shakespeare. Esta carta tem passeado por toda a cidade, e, se me não viesse de novo às mãos, creio que faria a viagem em torno da Terra.

— O senhor entende de fazer espírito irônico comigo?

— O assunto presta-se a isso.

— Basta! Ordeno que me respeite. Fique convencido de que há-de arrepender-se das loucuras que continua a praticar. Havemos de encontrar-nos em tremenda desforra, se continuar a perseguir esta respeitável jovem.

E retirou-se inopinadamente para o interior da casa.

*

Há uma lei chamada de atração e de repulsão, regulada pelos instintos humanos nas suas variadas e variáveis atitudes e resoluções, lei a que se acha submetida a vontade deliberativa e o sentimento animador das obras individuais.

A simpatia do homem, pelas ideias nobres, é qual ímã que, em virtude dessa lei, atrai os seres invisíveis, que se envolvem no mesmo halo de nobreza e que vêm junto dele associar-se ao mesmo pensamento e estimulá-lo em seus elevados propósitos. Em sentido contrário, quando os pendores para ocupações perniciosas absorvem o espírito de indivíduos mal dirigidos, há uma corrente de almas errantes que os atendem espontâneas, arrastadas pela mesma lei de afinidade no malefício. Ora é a obra da bondade, acoroçoada pelos emissários do bem comum, a expandir-se numa irradiação de luz e a afugentar do seu ambiente os fluidos pesados da malquerença; ora é o extravasar da bílis em corações obdurados, a cujas vibrações respondem as de outros acaudilhados por sentimentos grosseiros.

Roberto não abrigava em seu seio essa sensibilidade superior, que santifica o pensamento e enobrece o coração. Não haviam ainda despertado em sua alma as excelências da virtude no que ela comporta de majestático, ou de simplesmente rudimentar nas almas de eleição.

Quando ruminava uma ideia, era certa a influência e a colaboração frequente dos que se deleitavam em lhe instigar a sua realização, e que logo se adiantavam a marchar na vanguarda, quando não na frente, como batedores, servindo de sustentáculos a ampararem-no nas armadilhas e traições. O auxílio invisível era-lhe franqueado pelos seus maus pensamentos, vinha-lhe suprido pela lei de atração, tornava-se-lhe poderoso, robustecido pela vontade e energia próprias.

Certo, em virtude de uma outra lei mais razoável e porventura mais consoladora, nem sempre se consegue levar de vencida as intenções maldosas, de vez que o destino de cada criatura não está, nem podia estar à mercê da orientação e do capricho do seres inconscientes da marcha e finalidade das provações terrenas. E' apenas quando providencialmente surgem os agentes das punições que eles poderão, sem consciência do seu papel, obrar e conseguir verem coroados de êxito as suas manobras desenvolvidas com intuitos maléficos.

Assim, Roberto estava sendo o involuntário interventor das punições a que necessitavam ser sujeitadas as suas vítimas, algozes do passado, pecadores em maior ou menor escala, não importa, mas carecidas todas de resgatar faltas contra a lei de amor ao próximo.

Mas não se sabe ainda até que ponto poderá ser vitoriosa a sua trama inicial e tudo mais que ocorrer na sucessão dos acontecimentos.

Pode mesmo sobrevir-lhe, como desfecho às suas astúcias malévolas, que ele acabe por ser a sua maior vítima — e esse é um fato de observação, governado indefectìvelmente pela justiça — pode acontecer que venha a enrodilhar-se no aranhol que vai tecendo traiçoeiramente com sorriso satânico de pérfida vingança.

Na consciência de quantos têm os olhos erguidos para o Alto e sabem que nada há a temer de injusto na vida terrenal, basta a doce paciência que nos aquieta e essa nobre virtude — a confiança sobre todos os sucessos, por mais terríveis que se antolhem ao olhar observador, para que não estremeçam de susto, nem temam dores mais agudas do que as em que se devem retorcer as almas em cujo seio não foram cauterizadas as chagas abertas pelo estilete do egoísmo.

Diante do crente a ronda do infortúnio passa como uma sombra menos apavorante e ameaçadora, porque ele cerra os olhos do corpo e abre os da alma, esconde ao coração o espetáculo da luta humana e mostra-lhe as alvoradas de luz, em que o horizonte do futuro se banha numa brilhante pulverização de ouro.

Neste formigueiro humano grande é o número dos que caminham ao acaso, sem bússola, nem consciência do seu paradeiro, como ovelhas tresmalhadas do rebanho, perdidas do pegureiro. Nem ao menos têm, como as formigas, a direção metodizada pelo mesmo trilho a conduzir o cibo para o seu sustento, a demandar o abrigo do inverno, enfurnadas na profundeza da sua toca.

Mas, bem ditosos os que, perdidos na estrada, não arremetem contra os que se lhes querem adiantar, e não lhes cortam a passagem para arrebatar das mãos o modesto facho de luz com que a alumiam no intuito de não tombar em turvos e torvos labirintos.

Bem mais ditosos também aqueles que renunciam aos gestos de ambição, não tirando da boca de seu semelhante o pão com que esse há-de estabelecer o equilíbrio na economia orgânica da vida.

Ainda mais venturosos os que já não pensam em sacrificar os direitos e regalias alheias, que não as invejam, que não as querem abarcar só para seu exclusivo usufruto.

No seio de Roberto, bem lá nos penetrais, vigiava o

tigre do ódio, conquanto açaimado. Açulavam-no as palavras do pai, conjugadas a outras, que lhe haviam molestado os ouvidos. Ergueu-se a fera e premeditou o bote.

*

Desde a Tomada da Bastilha, que se inflamavam as agitações políticas, que fervilhavam as ideias numa confusão perturbadora, determinando dissidências no seio das próprias famílias, fazendo com que entre os mesmos partidários se gerassem antagonismos.

As perseguições desarrazoadas, as delações aleivosas, as vinganças mesquinhas, quer da parte do Governo, quer do povo, se exerciam com violência, os ódios se agravavam, as intrigas se alastravam, invadindo lares e consciências impolutas.

De feito, o povo vivia agitado pelas notícias aterradoras, amedrontado pelas consequências, que ninguém sabia quão tremendas poderiam ser, não se sabendo o que surgiria no dia de amanhã, temendo-se sucessos de formidáveis resultados, ameaças de desgraças só comparáveis à do incêndio de Roma, ao tempo de Nero.

Nesse estado de tensão nervosa, sem calma para serem resolvidos os mais insignificantes negócios, sem bússola para o povo orientar-se nos seus destinos particulares, sem confiança no Governo, que por sua vez havia perdido a autonomia e o prestígio público, estava estabelecida a verdadeira anarquia em todos os departamentos de direção da vida econômica e social.

Havia-se fundado o Clube dos Jacobinos sob a orientação de Danton, Marat e Robespierre, ao qual se havia filiado Camilo Desmoulins, e cujo programa exaltado não era bafejado por grande número de patriotas, que se cindiram e formaram, como oposicionistas, a esquerda da Convenção, destacando-se entre eles os girondinos Vergniaud, Gersonné, Guadet, Grangeneuve, Brissot, Roland, Louvet, Condorcet, Isnard, Barbaroux, Petier, João Ducos e Pedro Corday.

Este partido era o que norteava melhor a consciência nacional por haver em seu programa abraçado o ideal de liberdade moderada, dentro de uma democracia honesta e dignificada por atos de independência e ombridade, em que se deviam respeitar direitos e conquistas, pessoas e coisas. Eram os legítimos representantes da classe média, letrada, e queriam os seus partidários suprimir os títulos de *sire* e majestade para uma bem entendida democracia republicana.

Mas, a maioria da Convenção era constituída pelos jacobinos, e todos, jacobinos e girondinos, num consórcio de energias paradoxalmente abaladas pelas constantes dissidências entre si próprios, procuravam a derrocada do trono, que se achava fortemente embalançado em virtude da fraqueza e incapacidade intelectual do rei, que era dominado por Maria Antonieta e pela tendência desta para a vida suntuária numa época de miséria extrema, assim como pela sua preferência em favorecer a Áustria, sua pátria, em vez de consagrar os seus cuidados mais particularmente ao país do seu governo. (1)

Ao partido girondino havia-se filiado Carlos, apesar de ser seu irmão jacobino, e disso tinha Roberto conhecimento.

Este moço nunca se tinha pùblicamente pronunciado em favor de qualquer das correntes, mas resolveu definir-se. Foi visitar Robespierre, a quem ofereceu os seus serviços incondicionais ao jacobismo vermelho, serviços que foram aceitos imediatamente como valiosos pela expressão da sua espontaneidade.

Estava lançada a semente da vingança.

---

(1) Durante as sessões da Convenção de 31 de Maio e 2 de Junho de 93 houve uma sublevação, em que foi conseguida uma ordem de prisão contra 32 girondinos. Alguns se submeteram, outros fugiram para organizar insurreições na província, principalmente em Calvados e no vale Ródano, ali se estabelecendo em Julho. Dispersados em seguida, uns são presos e executados, outros suicidam-se. Os que ficaram em Paris, em número de 22, compareceram perante o tribunal revolucionário, foram condenados à morte e executados em 31 desse mês. Os que escaparam à guilhotina conseguiram reentrar na Convenção a 28 de Março do ano seguinte.

VI

Desde Abril de 92, havia Camilo voltado à política com a publicação d'*A Tribuna dos Patriotas,* tendo sido eleito deputado pelo círculo de Paris e escolhido por Danton para seu secretário.

Havendo atingido o apogeu da sua glorificação e popularidade, era alvo das maiores manifestações públicas e privadas, sendo em grande número os amigos sinceros que o saudavam. Nesse número a sua casa se enchia de uma sociedade, em que cada qual se disputava a primazia de o cumular com as considerações especiais ao seu ardor democrático.

Entre os primeiros a saudá-lo no lar, na data em que foi eleito deputado, devemos incluir seus pais, seus irmãos e seus cunhados João e Alexandre, este por haver regressado licenciado de Toulon, onde estava servindo havia três anos às ordens de Bonaparte, como já se disse.

Do seu encontro com Geni, resultou uma impressão, que se pode traduzir pelas seguintes palavras, trocadas entre ambos, e cujo diálogo foi rompido pelo jovem militar:

— Era bem verdadeira a informação que meu irmão João me havia fornecido acerca da senhorita, disse, apoiando o braço a uma janela, estando a moça sentada, tendo as costas voltadas para ele.

Geni, ouvindo a locução, voltou-se e fitou os olhos no moço com natural surpresa:

— Uma informação sobre mim? Coisa grave?

— Ao contrário, sem risco de perigo.

— Pensei que conspiravam contra mim. Seu irmão ocupar-se de quem certamente não o interessa... nem ao senhor...

— Perdão; a ele naturalmente que não, mas a

mim... quem julgará, com seguras bases, que me desinteresso da formosa Geni, que conheci tão jovem, como uma florinha em botão, e venho encontrar como açucena aberta, rescendendo o perfume da mocidade e dos encantos estonteadores da formosura?

— Ah... não sabia isso, tartamudeou a moça, ofegante e indecisa de como havia de conduzir-se diante do fidalgo cavalheiro, que a impressionara no aprumo da sua elegância, com o espadim e os alamares da farda a lhe realçarem a figura nobre e cavalheirosa.

— Vejo que a perturbei, e sentiria profunda mágoa se sou, ou pareço ser, um intruso nos delicados recessos do seu coração.

— Não, não é... mas, não sei o que dizer...

— Pois não diga nada por enquanto. Confira-me o exclusivismo da palavra.

— De boa vontade. Olhe, fale-me da sua ausência nestes três longos anos. Que fêz lá por fora? Não teve saudades de Paris?

— Do passado poucos eram os vestígios para prender-me à saudade. Mas, se porventura, agora, que a revejo, me ausentasse, certo havia de pungir-me o acúleo da saudade.

— Esteve em repouso, ou andou terçando armas contra os austríacos?

— Em repouso até então. Agora, parece-me que entrarei em lutas contra angústias da alma agitada.

— Pois diziam-se coisas aterradoras sobre a situação da nossa terra.

— Que é lá isso para quem começa a ver um inimigo da paz do coração despertado para as suavíssimas vibrações do amor?

Como se vê, era um prélio interessante, no qual o jovem militar atirava sutilmente o venábulo e a moça o desviava com raro engenho, fingindo não descobrir a intenção do ataque, mas compreendendo-o à maravilha.

— Ouço uma voz interior segredando-me que lhe estou sendo maçante, continuou ele.

Entrementes Carlos, que se aproximava e cingiu

a cintura do amigo, ouviu as últimas palavras do amável galã e avançou:

— Maçante com minha irmã, isso nunca! Apresso-me a avocar o papel de procurador para asseverar ao amigo que ela há-de sentir-se lisongeada em ouvi-lo até cansá-lo, não é verdade, querida Geni?

— Isso mesmo dizia eu ao tenente Alexandre; rogava-lhe há pouco que me contasse coisas da milícia.

— Ora, que assunto estéril! Isso sim, é que é maçante, interveio Carlos.

— No falar a moças devemos nortear caminhos sentimentais. Nada que tresande a pólvora e sangue.

— E minha irmão precisa dessas distrações, acrescentou aquele, entendendo de desviar o pensamento de Geni das ilusões a respeito de Roberto.

— E que melhor motivo que as histórias de amor, que mais sentimental glosa?

— Nenhuma a supera. Viver sem amar é atravessar um deserto sem encontrar uma flor, ponderou o poeta.

— Interessa-lhe o amor, senhorita Geni?

— Pois que há-de fazer quem está na minha idade...

— Sim, que há-de fazer quem precisa espairecer o espírito e libertar-se de ideias escuras, quase tenebrosas, tornou Carlos.

— Tenebrosas? Como pode um anjo mergulhar em tênebras?

— Quando algum espírito das trevas o tente.

— Pois foi tentada? inquiriu Alexandre à moça.

— Fantasias de meu irmão, remediou Geni.

— Ainda bem. Eu iria pedir à feiticeira Circe mitológica que fizesse baixar do céu todas as estrelas sobre a cabeça da gentil menina e a envolvesse na sua luz, se não bastasse a dos seus olhos para trazê-la em permanente resplendor.

— Assim, fala-lhe essa linguagem, que perfuma corações, obtemperou Carlos.

A chegada de João Ducos desfez a palestra e forçou-a a outros motivos, que foram os da ordem do dia no terreno da política. Pouco depois as visitas se retiravam.

*

Uma nova situação na vida atribulada de Geni inaugurava-se agora com a positiva declaração amorosa de Alexandre, que não chegou a tomar vulto pela imprevista interrupção, mas que fatalmente iria a seu termo na primeira oportunidade.

Bem compreendeu ela a insinuação de Carlos em querer desviá-la das suas esperanças sobre um amor de alguma sorte desditoso pelo desfecho a que chegara o seu. Mas o laço que a detinha unida ao passado havia sido fortificado pelo aperto com que Roberto o estreitara. Nada estava perdido senão a tranquilidade com que se podiam amar no seio da família, estimados de todos e desejados pacìficamente. Tratava-se uma nova peleja, qual a de resistir com delicadeza aos galanteios de Alexandre, escondendo-lhe os segredos da sua alma para que não viesse Carlos a surpreendê-los ainda existentes e mantidos nos seus refolhos. E tudo teria de ser resolvido de afogadilho e feito sem estudo e sem premeditação, tudo de surpresa e como que de emboscada, qual se o inimigo estivesse espreitando os seus passos e não soubesse ela por onde escapar-se incólume.

Que havia de responder a Alexandre quando ele renovasse as palavras em que transluziriam mais claramente as suas pretensões? Isso ela já podia ir meditando com arte, estudando algumas evasivas que o desnorteassem, dizendo, por exemplo, que não pensara em casar-se. Mas tais desculpas são tomadas como paliativos para dissimular sentimentos ocultos, como se fora possível esconder num véu de gaze uma boca que mente.

Geni pensou em socorrer-se de alguém que a pudesse inspirar, e lembrou-se de Matilde, amiga sincera, em quem tinha ilimitada confiança. Não pôde refrear a impaciência de ouvi-la e procurou-a em sua casa.

Tímida a princípio e temerosa de tratar de assunto, em que se mostrara interessado seu irmão e noivo da amiga, era necessário tratá-lo de modo tão discreto que não fôsse ele motivo a discórdias e violências tais, que lhe viessem destruir de vez todos os sonhos idealizados.

Beijando a companheira, Geni sentia-se trêmula e indecisa.

— Que te faz assim nervosa? tens o semblante pálido e apreensivo, observou a noiva de Carlos conduzindo a amiga para uma otomana e sentando-se a seu lado.

— Tenho medo de dizer-te o que sinto. És muito minha amiga, Matilde?

— Ainda o pões em dúvida? Ofendes-me com semelhante pergunta.

— Posso abrir-te de par em par o coração e dizer-te coisas, que sou coagida a ocultar de meu irmão?

— De Camilo?

— Não, de Carlos, sòmente dele.

— Meu Deus, tu me assustas, Geni.

— Antes de tudo, peço-te piedade.

— E' horrível o prólogo com que te apresentas... ainda nada disseste e já me sinto apavorada...

Pelo pensamento da filha de Margarida passara um como sopro de inferno ao escutar as vagas palavras da companheira. Seria que ela... oh, não, que ideia repugnante! A sua honra, certo, não se havia fanado. Roberto era um degenerado, capaz de tudo quando fôsse aviltante, mas, sem dúvida, a honra de Geni estava impoluta. Era preciso que estivesse para que ela, Matilde, não sucumbisse ainda mais envergonhada do que a amiga, se o confessasse.

— Dize depressa, Geni, tu és uma virgem pura, não é verdade? Responde que sim.

— Tanto quanto tu própria.

— Oh, que alívio me deste, benditos sejam teus lábios.

— Que julgavas? Ah, não, ainda não cheguei a resvalar. Amo e sou amada com respeito. Sòmente, perdi a direção do meu destino. Depois do que certamente soubeste por teu irmão acerca de Roberto, tive provas de que ele não renunciou aos seus sentimentos para comigo.

E passou a narrar com minúcias as amabilidades de Alexandre e a insinuação de Carlos como casamenteiro.

— Que pensas fazer de ti? inquiriu Matilde.

— E' o que ignoro, e por isso mesmo aqui venho abrigar-me ao teu seio, esperançada de encontrar na tua perspicácia e inteligência uma solução plausível.

— A melhor que poderia aconselhar-te seria substituíres a imagem de um pela do outro, e muito ganharias com a troca.

— Se isso fôsse possível... mas não. Poderias tu fazê-lo com Carlos?

— Felizmente é desigual a nossa situação. Teu irmão é um perfeito cavalheiro. Habitua-te a encarar Roberto como indigno da tua confiança.

— Oh, minha amiga, como me atormentas, exclamou Geni resvalando o rosto em lágrimas no seio da interlocutora.

— Tem calma e confiança em Deus. Tu hás-de salvar-te porque és boa e sincera. Hei-de ajudar-te a carregar a cruz.

— Como responder a Alexandre quando voltar a falar-me, não me dirás?

— Oh, filha, como posso resolver um assunto do foro íntimo, como posso entrar na tua mente para adiantar-te palavras, que só se respondem de acordo com as perguntas?

— Se já sei que ele me falará de amor, como desenganá-lo?

— Dize-lhe que tens o coração adormecido, ora aí tens.

— E se ele revelasse a Carlos a minha esquivança?

— Dir-lhe-ias a mesma coisa.

— Pois aí está o escolho; Carlos saberia que mantenho a afeição a Roberto, e a guerra se movimentaria em torno de mim, eis a questão.

— Não precipitemos os acontecimentos. Aguarda o que os fados te reservam, e o máximo que te posso fazer é colaborar contigo na defesa da tua felicidade.

— Oh, a felicidade... é flor que nunca há-de vicejar no meu vergel... Rogo-te que nada digas a Carlos, sim, minha amiga?

— Serei discreta, não o duvides.

E separaram-se ambas com os olhos humedecidos pelas lágrimas.

*

Com a agitação política do momento, criou-se um ambiente de pânico ameaçando a instabilidade do trono, tudo acoroçoado pela atitude da imprensa republicana, em que colaboravam os dois irmãos Desmoulins.

Carlos entrava nesses prélios jornalísticos fazendo alarde das suas ideias libertárias e sendo alvo naturalmente das atenções públicas e da vigilância secreta dos interessados em manter propósitos diversos dos dele

Os rumores contra a sua orientação não se demoraram a fazer, como contra os adversários pelos que nisso tinham interesse, divididas as opiniões, como sempre sucede em tais circunstâncias, em todos os tempos e países.

Nesse desassossego quem mais padecia era Matilde por ver seu amado envolvido em matéria assaz perigosa e traiçoeira, e disso não escondia os seus receios quando lhe falava.

Carlos acomodava-a confiado na sua prudência e na tática em dizer as coisas de feição a nunca irritar os adversários, provocando a explosão de ódios.

Foi nessa emergência que ele soube por Camilo de uma trama que Danton fazia para enredar Robespierre numa intriga, em virtude da orientação que ele estava imprimindo às suas ideias políticas e cujos documentos estavam em poder de Camilo, como seu secretário. Quis tirar vantagem da situação e obteve do grande tribuno esses papéis. Na sua franqueza de noivo confiante, disse-o a Matilde. A moça assustou-se, e não pôde mais conciliar o sono, temerosa de futuras consequências e perseguições contra o jornalista.

Passaram-se alguns dias sem que visse Carlos, quando resolveu escrever-lhe recomendando-lhe evitasse lutas de imprensa sem proveitos reais para a sua ventura, antes pelo contrário, e na sua carta aludia a tais documentos.

Essa carta viu-a Geni sobre a secretária do irmão, e indiscretamente leu-a.

Nessa manhã havia achado por baixo da porta de seu aposento um bilhete de Roberto, no qual a convidava para uma entrevista no local costumado.

Depois do meio dia ali se encontravam e rumavam para um recanto sombrio do jardim, onde se acomodaram.

Geni já tivera ocasião de comunicar a Roberto as intenções de Alexandre, havendo aquele sorrido à ameaça do precioso furto e asseverado à moça a sua fidelidade.

— O meu receio é de Carlos, disse ela; meu irmão será um estorvo às nossas intenções.

— Não creias tanto nisso. Carlos está tão preocupado com as coisas da nação, que não lhe sobra tempo para volver a assuntos diversos.

— Que achas tu próprio a demovê-lo da sua antipatia contra nós?

— A sua atividade política.

— Parece-me que tens razão. Agora mesmo creio que está na posse de documentos comprometedores contra Robespierre.

— Como sabes isso?

— Por uma carta de Matilde, escrita ontem a ele.

— Oh, demônio, se eu pudesse saber...

— Deus te livre de meter-te em alhadas. Fica-te em paz.

— Pois enganas-te. Não desejarias que Carlos se reconciliasse comigo?

— Que pergunta ingênua! Naturalmente que sim.

— Pois bem; já sabes que sou amigo de Robespierre.

— E que tem isso?

— Na posse de tal documento, salvava-o.

— Mas comprometias meu irmão.

— Estás enganada, salvava-o simultâneamente, destruindo esses papéis.

— Tens razão.

— Confio-te a felicidade e a dele, pedindo-te esforçar-te por descobrir esses documentos na sua secretária e trazer-mos.

— Não será fácil, mas é uma tentativa de salvação.

— Dizes bem, de salvação, que outra coisa não devemos objetivar, concordou hipòcritamente o farsante.

E saíram juntos, enlaçados num abraço.

Nessa tarde Geni revolvia todos os papéis que se encontravam sobre o móvel do irmão e achara amarrado com um barbante o traslado de uma denúncia de Danton, como membro da Comissão de Salvação Pública, contra Robespierre no Tribunal da Convenção. Pensou maduramente na imprudência do furto e encontrou uma solução, que se lhe afigurou aceitável. Tiraria uma cópia desses documentos e provàvelmente com ela seria possível a defesa de Robespierre, antecipando-se à acusação.

E fêz a cópia.

Esperou com impaciência no dia seguinte o convite de Roberto por baixo de seu quarto e achou-o. Ao meio dia encontrava-se com o moço.

— Aqui tens uma cópia do que achei, disse a jovem entregando-lhe o traslado.

Roberto leu ràpidamente o papel, com crescente satisfação, e observou:

— Nesta denúncia anuncia-se uma tremenda vingança, mas o original continua a existir, de modo que teu irmão não ficará escapo de complicações, se publicar a intriga. Se fôsse o original que eu pudesse romper, isso sim.

— Tens razão, mas não podes evitar alguma coisa de más consequências?

— Penso que sim; vou tentar.

E sem mais detença, voltaram a seus lares.

Pelo caminho Roberto antegostava uma deliciosa oportunidade para vindicar-se do rival.

No dia imediato Robespierre era procurado pelo traiçoeiro filho de Gualtério e recebia-o em seu gabinete. O malvado confiava-lhe outro traslado da denúncia, feito por ele, pois houvera conservado consigo a primeira cópia para alguma emergência.

O promotor da criação do tribunal revolucionário leu o papel e sorriu calmo e despiciendo, comentando assim:

— E' mais um cartucho daquele Iscariotes. Vou estabelecer-lhe uma trincheira.

— Desnecessário será pedir-lhe discrição, quero dizer: que me não comprometa.

— E' preciso que não seja divulgada esta denúncia antes de mais nada.

— Por mim, guardarei silêncio. Serei como um túmulo, mas sei que o original está em mãos de Carlos Desmoulins, redator do *Jornal da Época,* que o vai publicar. Como sabe, Camilo é secretário de Danton, e foi de certo quem o confiou ao irmão.

— Pois ordenarei a apreensão do original, e a ele, sendo preciso, mandarei cortar a cabeça.

E o delator retirava-se recebendo das mãos de Robespierre algumas cédulas no total de mil francos em moeda falsa. (1)

Ao outro dia pela manhã a casa de Jaques era violentada por agentes, que procuravam o jornalista e lhe ordenavam a entrega dos papéis comprometedores, afirmando que Robespierre sabia da sua existência em mãos de Carlos. O moço, surpreendido, negou a suspeita posse de qualquer título de responsabilidade. Com a audácia e a insolência que a época autorizava, os esbirros remexeram a casa de Jaques, achando de fato os aludidos papéis, sobre a mesa de escrita, e arrebataram-nos com brutalidade, forçando o possuidor a segui-los debaixo de prisão.

E, sem mais explicações, o moço foi removido para a cadeia de Bicêtre, onde ficou incomunicável por ordem superior.

A notícia da sua prisão produziu tristíssimo efeito no seio das duas famílias às quais se achava ligado o seu coração.

Não foi menor a mágoa de Geni que a de Matilde

---

(1) Só em Londres, havia 80 fábricas (**Noventa e três,** de Vítor Hugo.)

diante do tremendo golpe, vibrado com mão certeira no distinto jovem, e por enquanto incógnita para a sua amada.

Geni não pudera prever semelhante desfecho, e sentia-se abatida pelo fracasso das suas nobres intenções.

Roberto, esse regozijava-se e tinha dentro dalma a consolação dos vencedores de tocaia.

Só Matilde amargurava o cálice da brutal adversidade e lembrava-se das suas advertências, como se as adivinhasse.

Em casa de Gualtério, o fato causou tristeza ao respeitável e honesto homem, que, dirigindo-se ao filho, assim o comentou:

— Vê tu como a dignidade está sendo aviltada no descalabro em que vamos.

— E quem a aviltaria?

— Algum miserável, algum cão mais infame do quc esses três vilões aos quais por desgraça estão confiados os nossos tristes destinos.

O filho sentiu no imo do seio o peso das forcas caudinas, que a vergonha não deixou tomar corpo, porque logo depois se afastava do pai, saía de casa e ia saborear a sua satisfação a perambular pelas alamedas do Parque Monceau.

VII

O sofrimento é patrimônio da Terra, e está de tal sorte enraizado na alma humana como a árvore que dá fruto, como a planta que fornece o alimento, como a água que mata a sede.

A humanidade não pode a ele subtrair-se, como não o pode ao alimento que a vivifica, como igualmente não o pode à água que a desaltera, e ao oxigênio que lhe tonifica os pulmões.

Extirpá-lo seria destruir a vida, seria deter o progresso, seria aniquilar a purificação da alma, ou lançá-la no abismo da desgraça.

Para suportá-lo faz-se mister o heroísmo da resignação, da paciência, da esperança.

E quando a dor punge mais acerbamente, é um consolo haver com quem dividir os gemidos, onde desabafar as palpitações do coração opresso.

Foi o que Matilde fêz indo ao encontro de Geni logo depois da violência a que Carlos fora submetido.

Bom é de notar-se que Carlos, quando outrora rei de França, mandara prender violentamente a Vítor, criado do Conde de Leicester.

Oh! a pena de talião...

Atirando-se em lágrimas ao seio de Geni, como sua sócia no infortúnio, a moça dividia as amarguras que lhe alanceavam a alma.

— Deus me deixou ao abandono num deserto árido e triste, minha amiga, soluçou a noiva de Carlos.

— Onde me vieste encontrar para receber-te de braços abertos.

— Tens razão. Já sabia que havia de achar-te carpindo iguais padecimentos.

— Que fazer? Somos ambas ainda bem novas na

vida e na experiência, mas eu já sei que o mundo está cheio de lâminas de aço para nos cortarem o coração, para nos dilacerarem, isso ontem mo repetia meu pai, para quem a sorte tem sido madrasta.

— Não sabes a quem atribuir a razão deste acontecimento, que nos priva de teu irmão?

— Suspeito apenas, sem absoluta certeza. Ouve-me.

E narrou tudo quanto se havia passado com Roberto dois dias antes. Terminada a exposição, Matilde exclamou:

— Foi ele, sem dúvida, foi Roberto o traidor.

Não se tendo ainda encontrado com o namorado, Geni ignorava o que se dera nesse intervalo, nem mesmo, se houvesse encontro, certo ele não lhe referiria a sua delação a Robespierre.

Nesse momento entrava na sala Jaques e Lúcia, que saudaram a visitante.

— Lamento a sua triste sorte, a que se nivela a nossa, disse Jaques à noiva de seu filho.

— Que pensam em fazer? inquiriu ela.

— Esperar. Quem lá pode afrontar as perseguições desta gente?

— E Camilo não possuiria prestígio para intervir?

— Não sabe a menina que Camilo está a serviço de Danton e que este e Robespierre são como cão e gato?

— Que desespero, meu Deus!

— Tenho todas as suspeitas de que não é indiferente a estas manobras o tal Sr. Roberto Corday, interveio Jaques.

— Também eu, concordou Lúcia.

Geni e Matilde entreolharam-se.

— Boa prenda se insinuava às atenções de minha filha, tornou Lúcia.

— Felizmente retirou em tempo a máscara, o patife, que lhe dirigia missivas de mentecapto, disse Jaques a Matilde.

Como se vê, as relações de Geni com o desalmado sujeito eram desconhecidas dos pais desde o dia em que ele dali saíra corrido de vergonhosa humilhação pelo filho de Jaques.

Se alguém naquele momento sofria maior dor era Geni, vendo de um lado seu irmão correndo gravíssimo perigo de vida, pela leviandade, ou melhor, pela insídia de Roberto, de outro lado destruídas as suas esperanças, agonizante o seu amor, o seu imenso amor a esse moço, cuja imagem se achava gravada em letras de ouro na sua retina e se refletia por igual nas dobras do seu coração. Nem lhe era consolo poder desabafar no seio de sua mãe o desespero, único bálsamo que a vida confere aos indefesos filhos na hora das grandes agonias. As suas mágoas tinham que ser recalcadas, escondidas como fruto criminoso, ocultadas dos outros como um opróbrio. O seu amor era um amor maldito.

Lembrou-se então de Alexandre, não que sentisse por ele alvoroços do coração, porém reconhecia-lhe a superioridade de condição, a nobreza de sentimentos, a sua posição de militar distinto e considerado, a sua fina educação, obediente ao meio em que nasceu, filho desse homem querido de todos, Gaspar Ducos.

Certo, não o poderia trocar por aquele que primeiro a impressionara tão profundamente, que era o seu primeiro amor. Ah, se o destino fôsse capaz de produzir milagres... Não seria um caso excepcional.

E abraçou-se com sua mãe soluçando.

Lucia afagou-a, supondo que esse pranto era vertido pela sorte do irmão, e teve palavras de consolação para levantar o ânimo da filha.

Retirando-se Matilde, dirigiu-se ao seu lar sem para aí levar de novo nada mais do que trouxera a casa de seu amado, mas ao menos a ela restava uma vantagem sobre Geni, e era que, em regressando, podia achar no seio de sua querida mãe o calor com que acalentar a gelidez que a mortificava.

E também se jogou em prantos aos braços de Margarida, exclamando:

— Tudo trevas, minha mãe, em tudo o pavor sinistro da morte!

— Foram graves e más as informações que te deram?

— Não; apenas receios, apreensões justificadas em

precedentes. Bem sabe minha mãe como são maus, inexoráveis os chefes revolucionários.

— Tenhamos confiança em Deus. Carlos é inocente, e basta isso para nada recearmos de quem não lhe encontrará motivos para vinganças extremas.

— Deus a ouça, minha mãe, balbuciou a moça desprendendo-se-lhe dos braços.

*

Esta situação durava havia um mês, em cuja vigência não é preciso descrever as ansiedades que continuaram a ser exteriorizadas nos encontros que se davam entre as duas famílias atingidas pelo golpe e pelos demais amigos de Carlos, sendo vãs as tentativas para libertá-lo da injusta prisão.

A essa época Alexandre, que se achava em Toulon, tornara a Paris, e ficava ao corrente do infausto sucesso. Visitou a família de Henrique Portier e em seguida a de Jaques Desmoulins, onde foi recebido com agrado e distinção.

Ali viera ele apresentar os seus sentimentos de solidariedade no desgosto que acabrunhava a família de Carlos e oferecer os seus préstimos no que lhe fôsse possível e plausível em semelhante conjuntura.

A conversa generalizou-se à política, que dá assunto que farte a quem a estima, chafurdando-se no lodaçal em que a mergulharam os apóstolos do bem-estar pessoal, os defensores acérrimos dos seus próprios interesses.

— Não pude ainda penetrar a psicologia ao ponto de desvendar se o coração na mocidade é mais sensível às vicissitudes do que na velhice. Se acerto julgando a primeira hipótese como a verídica, é de crer, como sanção a esse princípio da psique humana, que a senhorita Geni há-de padecer muito mais do que os seus progenitores.

— E' difícil sabê-lo, sem um termômetro que regule a intensidade dessas comoções para uma resposta irretorquível, opinou Jaques. A julgar pelo rio das lágrimas parece que minha filha obteria o prêmio na corrida do sofrimento.

— Oh, não pode haver melhor índice, tornou Alexandre.

Ninguém ali sabia que essas lágrimas eram de Roberto. Os encontros da jovem com ele continuavam com resultados anódinos, numa espécie de platonismo amoroso sem objetivo nem finalidade honesta, especialmente da parte dele, que nada visava senão emprestar um paliativo às suas relações com a moça, mantendo-a numa doce ilusão e aparentando um falso desgosto pela detenção de Carlos.

Ele aninhava a ingênua crença de que Matilde acabasse por esquecer o seu amado. Confiado nos seus predicados de rapaz galante, idealizou sonhos róseos num futuro bem distante, não importa, mas que se haviam talvez de vir aproximando, como essas nuvens cinzentas que o vento vai rechassando até junto de nós, depois de passada uma borrasca. Geni seria a boa mensageira dessa aproximação entre ele e a outra. Precisaria talvez de seu concurso. Não obstante, os seus atuais colóquios se limitavam a um ou dois por mês, e consistiam em promessas e afirmações falaciosas de amizade da parte dele. No que respeitava à oposição, também confiava na sua perseverança para vencê-la, como saberia vencer a de Matilde. Todas as molas e rodas têm movimento automático de retrocesso, na mecânica como na vida social.

Para que não houvesse solução de continuidade em assunto tão de seu gosto, Alexandre dirigiu-se então à perturbada moça, animando-a assim:

— Quisera poder estancar as suas lágrimas no dique da minha muita estima. Deve habituar-se a poder trazer mais vezes o sorriso nos lábios do que o pranto nos olhos. A sua mocidade está reclamando contra a sua tristeza. A sua formosura sente-se magoada, padece mais que a senhorita.

Era de novo a voz do coração que falava, não havia dúvida. Geni bem o entendeu. Aí estava a ameaça de uma investida a que ela até então não achara recursos retóricos para escapar-se. Felizmente ali estavam seus pais como que servindo de antemural a despropósitos de afetações demasiadas. Mas o moço era hábil e delicado no torneio das amabilidades, e volveu:

— Estou em afirmar que aí está um coração virgem para o amor. Se quisesse amar, contrabalançaria os pesares da vida com as alegrias do coração.

Como estava enganado o psicólogo doutrinador, ouvindo cantar o galo sem saber onde. A moça, estarrecida, tinha medo de responder, temendo que qualquer palavra pudesse comprometê-la. Bem sabiam os pais que o coração de Geni não era virgem de amor, e foi então que Jaques interveio:

— E', ao contrário do que supõe o amigo, um amor indigno, que também maculou minha filha, o que talvez contribuísse para abrir-lhe no seio a brecha por onde correm lágrimas mais amarguradas.

— Piedade, meu pai, não me envergonhe mais, suplicou a desventurada jovem.

— Peço perdão, se estou sendo indiscreto, adiantou-se a dizer Alexandre.

— Não há indiscrição alguma. E' bom que o senhor conheça Roberto Corday para saber defender-se de semelhante patife.

Não foi preciso mais nada para que Alexandre compreendesse que se tratava de um seu rival.

— Enganei-me, senhorita, interveio ele, e todavia a minha estima pela menina vai recrudescer doravante.

E pouco depois saía.

Oh, incompreensível alma humana! oh, problemas do coração! como sois invioláveis, obscuros, paradoxais nos vossos mistérios recônditos!

Este homem, em quem a estima era uma virtude... estimável, digamos assim, coerentes com o vigor etimológico da palavra, passa a ter recrudescida a efeição ao saber que a mulher, que o havia impressionado profundamente, já houvera amado a outro, já não tinha virginal o coração.

Quem há que isso entenda? Quem há que entenda também que Geni começa a agitar-se, não que as palavras do moço lhe lançassem faúlhas na alma, senão porque foram balsâmicas, porque revelavam a grandeza de um espírito animado de sentimentos altruístas.

Em vez de retrair-se, Alexandre se expandia; em lugar de fugir, enlaçava-a; quando era de supor se fechasse num mutismo de revoltado, abria-lhe os braços e a tomava, como a uma desgraçada a quem o mundo negasse os carinhos da piedade cristã.

Ele a amava seguramente, com amor sincero, não desses que se esvaecem ao rigor dos invernos hibernais, mas dos que revivem ao fogo das angústias supremas. Era dos que enfrentam o destino e desafiam a desgraça, dos que não temem a morte. Não trouxesse ele uma espada, que honrava e que naturalmente se sentia honrada em seu talabarte.

*

Encontrava-se uma manhã Matilde com a sua aia nos Campos Elíseos, lugar predileto dos seus passeios, onde ia espairecer as sombras da sua melancolia, quando por ali passou Roberto.

O audacioso homem, interrompendo-lhe os passos, pediu-lhe que o ouvisse em uma queixa antiga, adiantando-se a assim falar-lhe:

— Guardo no fundo do seio, aberta há pouco mais de um mês, como incurável chaga, a ofensa que me fêz ao devolver-me uma carta, que lhe enderecei, e na qual lhe suplicava piedade por um amor, que ainda agora me calcina o coração.

— Bem sabia que nada poderia esperar de mim. Porque insistiu?

— Levado pela esperança, por uma esperança que ainda me anima, agora mais que nunca, vendo-a livre e sempre encantadora.

— Quem lhe disse que sou livre? Acaso supõe que me enclausurou, como pèrfidamente o fêz ao único ser para quem esvoaçam meus pensamentos?

— Juro-lhe que em nada contribuí para a detenção de Carlos Desmoulins.

Que homem cínico e perjuro!

— Não são mais oportunas as recriminações. Por favor, retire-se da minha frente, ordenou a moça, indignada com a impertinência do insolente conquistador.

— Perdão, senhorita, eu tenho o direito de defender-me, sob pena de considerar-me um vilão. Acusa-me, e nega-me a graça de desviar o baldão que me lança. Faz-me réu de um crime, que não pratiquei, arroja-me ao calabouço do desprezo, e recusa-me o sagrado direito de contestar as suas suspeitas injuriosas.

— Seja levado à conta de indulgência o que fêz, ou de esquecimento o que oculta aos meus olhos. Pode seguir o seu caminho.

— Ainda não. Chumba-me os pés o peso do infortúnio. Sabe que a amo desvairadamente; quero lutar contra este carrasco que me trucida as entranhas, e só posso fazê-lo a seus pés, ajoelhando-me como um vencido, dobrando-me como quem só de rastros, beijando a poeira do caminho, pode inspirar compaixão.

Linguagem falsa, bem diversa da de Alexandre, era essa. O falsário não punha as mãos na consciência, lembrando-se da infeliz Geni, a quem mentia com palavras de fingido sentimento, embora menos patéticas.

Nesse momento Alexandre avizinhava-se dos interlocutores deste diálogo, e, de costas voltadas, chegou a escutar a seguinte prática:

— Não cora de pudor, ao dizer-me palavras, que tem repetido àquela inditosa criatura, que é Geni?

— Não tenho compromissos com a senhorita Geni, respondeu o impudente moço.

Casualmente voltando o rosto, Matilde deparou com Alexandre. Numa mesura de diplomata, este a saudou e foi coagido a apertar a mão do cavalheiro com quem ela conversava e que não sabia quem era. Apenas suspeitou pelo final da ligeira controvérsia.

Desnorteado pela aparição inesperada do filho de Gaspar, o outro apressou-se a despedir-se, e prosseguiu o caminho do Bulevarde.

Soube Alexandre que se tratava da pessoa que havia

abalado o coração de Geni e não ligou importância ao encontro. Pediu licença para conduzir Matilde à sua residência, porque ela manifestara o desejo de retirar-se, e, tomando uma sege, partiram para a rua Chantorême.

*

Dias passados, Geni visitava Matilde, com quem se habituara a dividir os seus segredos. Nunca fora traída por infidelidade da amiga, em quem a confiança se solidificara e que lhe merecia a retribuição voluntária dos pensamentos reservados.

Era a primeira vez que a visitava depois do último encontro com Alexandre.

— Sabes, Geni, que há dias encontrei o teu namorado na Alameda das Acácias?

— E' um ingrato; há quase um mês que o não vejo.

— Alexandre?

— Pois é dele que me falas? perguntou Geni, admirada.

— Esquecia-me que tens onde escolher.

— Malcriada. Zombas de mim.

— De ti quem zomba é Roberto.

— Não sejas injusta.

— Se eu te der a prova testemunhal?

— De quê?

— De que me disse que não tinha compromissos contigo.

— Juras?

— Além de jurá-lo, dou-te como testemunha a Alexandre.

— E' isso possível?... Meu Deus, como tenho sido ludibriada!

E levou o lenço aos olhos para reter o pranto.

— Sê forte, minha amiga, ergue-te de pé dentro da tua dignidade. Um homem desses não vale uma só lágrima de mulher da tua têmpera.

— Tens razão, querida; se eu pudesse amar alguém

que não fôsse ele, bem perto deparava com alguém que mereceria a minha estimação.

— Alexandre, não é verdade?

— Ele mesmo.

— Sim, falou-me vagamente de ti. Não te esqueceu depois de longa ausência.

— Nada devo ocultar-te. Alexandre acaba de dar-me uma robusta prova da sua superioridade moral, mas eu me sinto amarrada ao poste desta cruz que carrego por mal dos meus pecados. Que hei-de fazer?

— Erguer-te, já te disse; dignificar-te. Tens na tua crença o melhor lenitivo. A Santíssima Virgem há-de ouvir-te. Pede-lhe a fortaleza de ânimo para expulsares de teu seio esse reptil que te morde. O amor só enobrece quando já de si é nobre. Amor que avilte transfunde-se em pestilência mórbida. Já não é afeição, é cancro, é chaga que se deve esvurmar, lançando-lhe cautério para que não supure de novo.

— Falas com a eloquência de quem encontrou na vida alguém que te soubesse amar como mereces. As tuas palavras são filtros de doçura, que me friccionam os recônditos do seio, mas, quando o eco as levar, retorno à mesma agonia do amargor. Oh, como a existência me sabe a fel!

— Não tens o exemplo da minha resignação depois de mais de um mês de sustos, a temer pela sorte de teu irmão?

— Isso é verdade, pois és uma mulher de têmpera de aço.

— Bem vês que ainda não desanimei; espero, confio e vencerei, estou certa. Faze o mesmo. Imagina que o teu amado está numa enxovia perpétua. Não sei em que mais possa valer-te.

Vindo à sala, Margarida procurou dissipar o ambiente de lamentações, em que a converteram, e entrou a colaborar na conversa.

— Benvinda seja a menina Geni, que andava fazendo-se rogada. Há que tempo nos privava da sua presença.

— Ocupações...

— Do coração... são as mais exigentes, as que demandam mais tempo e maiores cuidados para que se não estraguem os traços do desenho com que delineamos o caminho flóreo da mocidade.

— A senhora está de bom humor.

— E faço muito bem. Quereria que me fizesse freira e vivesse no ascetismo?

— Não, mas que deixasse o lugar para mim. Quanto eu desejava ser freira...

— A vida parece que não é má, porém muito ameaçada de indigestões de rezas.

— Escuta, Geni, se queres dissipar o tédio, vem passar os teus dias com mamãe, interveio Matilde.

— Pois ela anda entediada? Forte tolinha que sois, Geni. Deixa isso para os que não têm mais que fazer.

— Vais ficar alguns dias conosco, queres? consultou Matilde.

— Não sei se aceite, respondeu a outra, pensando nos avisos de Roberto, de costume deixados em seu aposento, e que, a serem encontrados, constituiriam um perigo.

— Consulta teus pais e decide-te, tornou a amiga.

— Farei como dizes.

— Hoje jantas conosco.

— Está feito.

Na manhã seguinte, com efeito, encontrava um recado de Roberto. Alvoroçou-se-lhe o coração. Seria o ramo de oliveira da calmaria na tempestade que lhe devastava os sonhos?

Vê-lo-emos.

VIII

Protegido pelo déspota Robespierre, Roberto tinha a facilidade de visitar a cadeia de Bicêtre, onde se encontrava Carlos ainda incomunicável, e onde aquele ia espioná-lo por intermédio dos carcereiros para bisbilhotar qualquer coisa de que pudesse tirar proveito nos seus propósitos de vingança.

Havia obtido liberdade uma infeliz velhinha, que fôra presa por ter reagido contra sicários, que tentaram revistar a sua mansarda, pretendendo que nela se houvera ocultado um espião dos jacobinos, a serviço de Marat.

Casualmente ela conhecera Roberto nas suas visitas, e, ao ser absolta, ali o encontrou. Paupérrima, solicitou-lhe a esmola de um pão com que pudesse no dia seguinte alimentar-se até encontrar trabalho.

Roberto, vendo-lhe a mendiguez, conduziu-a consigo a lugar onde pudesse confidenciar, e propôs-lhe uma missão concebida:

— Terás de mim a proteção para não morreres de fome durante largo tempo, mas vais incurbir-te de um encargo fácil, que não posso confiar senão a uma mulher. Há na cadeia um homem, que sofre a ausência da sua amada, esse que ali vou visitar. Ele deseja obter da sua noiva — senhorita Matilde — uma medalha com a efígie dela, e confiou-me essa missão. A referida moça odeia-me por motivos que não vem ao caso saberes. O teu papel será ires comigo ao meio dia ao Jardim das Tulherias, onde encontraremos uma jovem chamada Geni, amiga da outra, a quem dirás que foste incumbida de falar-lhe no sentido já por mim esclarecido. Ela é irmã do aludido moço, que se chama Carlos. Por seu turno, esta moça suspeitaria de mim em tal encargo, e daí fazer-se necessária a intromissão de pessoa como tu, em quem a simplicidade é manifesta. Compreendes bem o que tens a fazer para garantires o teu pão com mil francos?

A indigente quase desmaiou com a oferta, e balbuciou duvidosa:

— Se o senhor me promete não haver receio de consequências perigosas...

— Nada terás a temer, afianço-te.

— Ora louvado seja Deus. Pois lá estarei no parque à hora marcada. Chamo-me Rosália, para o servir.

E Roberto repetiu minuciosamente os nomes das personagens, para que não fôsse a mulher apanhada em contradições.

E foi assim que se encontraram os dois jovens para a entrevista anunciada.

Roberto apressou-se a afirmar a Geni a sua boa vontade em prol da liberdade de Carlos, pela qual estava influindo junto de Robespierre, a quem pedira tolerância, esperançado de ser atendido. Agora mesmo soubera por uma velhinha saída da cadeia, que Carlos cobiçava possuir a medalha de ouro com o retrato de Matilde, que ela costumava trazer pendente do seu colo, a fim de contemplá-la em efígie, já que não podia fazê-lo pessoalmente, e confiara a essa velha a incumbência por intermédio de Geni. Indicara aquele sítio, onde a mulher poderia encontrar a irmã dele, que, com menos escrúpulo, se prestaria a ser mediadora do seu desejo.

Mal acabava de fazer a exposição da pérfida trama, aparecia arrastando-se na sua miséria a velha Rosalia, abordoada a um páu, à laia de bengala.

Pedindo licença, assim começou a velhinha:

— Já sei que estou falando à senhorita Geni, irmã do Sr. Carlos, não é verdade? Isso suponho por vê-la ao lado do Sr. Roberto, já meu conhecido.

— Exatamente, respondeu a moça com um gesto de piedade.

— Louvado seja Deus, pois estou encarregada pelo Sr. Carlos de pedir-lhe um grande favor.

— Já sei o que pretendes, o Sr. Roberto pôs-me ao corrente da tua missão.

— Louvado seja Deus.

— Vou tentar o teu desejo, mas acho que convém ires comigo para confirmação do encargo, que Carlos te cometeu.

— Isso não me traz dificuldade, louvado seja Deus. Diga a menina onde devo estar para esse fim.

Irás às três horas da tarde à rua Chantorême n. 16 e procurarás pela senhorita Matilde.

— Estamos entendidas. Até logo, ora louvado seja Deus.

E partiu, arrastando os passos vagarosamente.

— Não foi certamente para isto que me chamaste, disse depois Geni, quando a velha Rosália já ia longe.

— Porque me falas assim?

— Suponho que vais reproduzir a cena, que tiveste com Matilde há poucos dias. Podes representar a comédia, para que eu aprecie a tua habilidade de artista.

— Ouve-me, Geni.

E o embusteiro tomou a postura de um orador que se prepara para armar ao efeito com ademanes afetados de lamuriento sofredor.

— Há dentro de mim um inimigo contra quem venho travando uma luta titânica de vida ou de morte, uma dualidade infernal, que me acaudilha e submete a razão ao mais lamentável servilismo. Não pude jugular esse amaldiçoado amor que tributo a Matilde. Procuro esquecê-la, confundir esse afeto com a amizade que venho provocando e nutrindo junto de ti, que és boa e sincera. Demais, é meu pai quem mais deseja a nossa aliança. Ajuda-me a vencer esta luta para que eu não fique ao desamparo. E' uma esmola que te suplico, terminou em tom plangente o descarado sujeito.

E deu baixa aos trejeitos por haver terminado a parlenda e não precisar mais utilizar-se deles o iludente menestrel de ditirambos.

A incauta moça respondeu:

— Aqui estão meus braços para os acorrentares, se isso te apraz.

— Não exijas tal de quem também os tem aguilhoados. Faltam-me os movimentos.

— Como queres esquecer Matilde, se a procuras?

— Eu não a procurei; encontrei-a por acaso. Fiz-lhe um reproche, recebeu-me mal, e perdi o senso. Ora aí está como foi o caso.

— Não acabaste por essa forma o encontro: fizeste-lhe juras de amor desvairado.

— Foi o que acabei de te confessar. Era o demônio dentro de mim quem falava, pois não venho de referir-te?

Batendo nervosa com os pèzinhos no chão, Geni assim respondeu:

— Estamos entendidos, Roberto. Vou continuar o meu Calvário depois de erguer-me do tombo para nova marcha.

E separaram-se, seguindo cada qual o seu destino, ela com o semblante desfeito, ele como a víbora que deixa o veneno sobre uma pedra, enquanto bebe água, e que o retoma após saciada a sede.

Se havia dualidade naquele homem... quem poderá duvidá-lo? O miserável tinha negra a alma, mas quem lhe governava os passos era bem ele, e não o subconsciente maldito, a quem se referira. Dualidade de amor e ódio sim, que a paixão por Matilde era causa de despeito por ela e de ódio a Carlos.

Não bastara ao moço poeta haver dominado um coração, que ele Roberto desejara conquistar, para que como sobrecarga o vilipendiasse com a afronta escandalosa na questão da carta, que andou de mão em mão, servindo de escárnio ao seu atribulado afeto.

Daí, a traça planeada, a cujas consequências vamos assistir.

*

Estamos em casa de Henrique Portier, juntamente com Geni, que aí acaba de chegar.

— Já sei que nos vens trazer a resposta ao convite feito para repousares algum tempo conosco, começou a filha de Margarida.

— Não, por enquanto. Imagina que na manhã de hoje achei um recado de Roberto chamando-me.

— Oh, o audacioso... que te disse ele?

— Falou-me com uma franqueza que me espedaçou. Disse-me que as suas relações era o pai que as impusera para que ele te olvidasse. Que, todavia, continuava a amar-te, e se volvia os seus olhos para mim era no intuito de sufocar a antiga paixão. Esforçava-se mesmo por querer-me, e a sua assiduidade em ver-me, explicava-a como corolário desse propósito. Pedia-me que o ajudasse a estimar-me e não fugisse dele. Tudo isso falou-me depois que lhe exprobrei a sua falsidade em representar contigo a cena, de cujo desfecho foi Alexandre testemunha. Eis aí, minha amiga, a nova trama que se fêz em meu destino.

— Acredita que ele não é sincero.

— Cuido que tens razão. Pacientemente aguardarei a lição do tempo.

— Fazes mal. Nada te aproveitará qualquer concessão aos seus caprichos. Imagina que tens que lutar contra teu pai e contra o dele, que certamente também se revoltou com o incidente da carta devolvida.

— Há, porém, assunto mais importante a tratar contigo, e que faz o objeto essencial da minha vinda aqui, articulou Geni.

E narrou as pretensões mentirosas acerca da medalha.

Mal findara a exposição do seu encontro com a velha Rosália, batia ela à porta e, recebida com bondoso acolhimento, repetiu *ipsis verbis* o recado de Roberto.

Matilde não teve dúvida em atendê-la, confiante na sinceridade de uma desgraçada, em cujo rosto se liam a miséria e a simplicidade.

Ergueu-se primeiro para traçar algumas linhas, que deviam acompanhar a preciosa dadiva, e escreveu esta carta:

"Meu querido:

Aqui vai a prova de que a tua súplica não foi em vão. Cansada de esperar, chegou enfim o dia em que a ventura em responder ao teu amor inunda-me o coração de verdadeiro júbilo.

Beija-te na face, conjugando contigo o ósculo que darás em seu retrato a tua

Matilde."

E tirando do corpete a mola que prendia o broche com a efígie esmaltada, entregou-o à mulher com o envelope fechado, sobre o qual escreveu o nome do destinatário.

Despedindo-se muito satisfeita, a pobre retirou-se carregando as relíquias e repetindo o estribilho:

— Louvado seja Deus.

O reencontro da mensageira com Roberto ficara convencionado para o dia imediato no mesmo local e hora.

Rosália chegara em primeiro lugar; dez minutos após aparecia aquele.

— Que tal? conseguiste a prenda?

— Aqui tem o que me confiou a moça. Ai, que a rica menina é um beijinho de beleza, louvado seja Deus!

E apresentou a carta e um pequeno envoltório atado por um nastro de fita de seda rósea.

— Eureca! exclamou o patife, rasgando o invólucro da carta antes que abrisse o embrulhinho.

E leu-a.

Iluminou-se-lhe o olhar de um fulgor satânico. Era o demônio interior que exultava.

— Esta carta saiu-me melhor que a encomenda, resmoneou consigo mesmo o desbriado falsário. Os deuses dos predestinados para as aventuras dantescas me protegem.

E meteu nas mãos da velha os mil francos recebidos de Robespierre, em notas falsas.

*

Depois de alguns dias de estudo, como fazem os comediantes para as suas criações trágicas, Roberto dirigiu-se à cadeia e conseguiu avizinhar-se de Carlos, sem lhe dar a perceber que desejava comunicar-se com ele.

Através das reixas fitou-o com sobranceria e saudou-o. Carlos não lhe correspondeu ao cumprimento.

— E' impróprio de homens educados negarem uma saudação a quem tem a delicadeza de cumprimentá-los, disse ele detendo-se impertigado, anediando o bigode.

— Só alimento relações, mesmo as de simples cortesia, com quem se me afigura digno delas.

— Faz mal, se assim pensa.

— Não costumo regular o meu critério pelo alvedrio dos outros, e, quando o fizesse, procuraria utilizar-me de gente responsável pelos seus atos.

— Veja bem como me está insultando num lugar em que sòmente são recolhidos os repudiados da sociedade.

— E' isso que lhe vale estar gozando das regalias destas grades.

— Eu? parece que delira...

— Quando não, esbofeteava-o. Agradeça-me a distância que nos separa.

— Não lhe vejo motivos suficientes para tamanha animadversão.

— Já se esqueceu do seu ridículo passado?

— Nem sempre há ridículo em amores, fora do seu caso presente.

— Que quer dizer com isso?

— Que sou eu quem o acha agora ridículo?

— Por ver-me aqui encerrado?

— E esquecido daquela que me achincalhou.

— Nada o autoriza a dizer semelhante inverdade.

— Tudo mo autoriza, aliás. Isso o afirmo.

— Ninguém afirma coisa que não prove.

— Estou habilitado a documentar as minhas palavras.

— Como?

— Com a resposta que finalmente a senhorita Matilde enviou-me à carta que V. S. jogou-me em rosto há pouca mais de um mês.

— E' uma calúnia o que diz.

— Leia este papel e retire a expressão?

— Aqui o tem.

E mostrou-lhe de longe a medalha.

O transe amargurado por que passou Carlos não há

ninguém que não o compreenda nem que a ele nunca fôsse poupado, embora em circunstâncias diversas. O moço, com o coração oprimido por inaudita ansiedade, não se pôde conservar de pé; dobrou os joelhos e caiu prostrado ao chão.

Roberto retirou-se saboreando contente a sua miseranda vitória, deixando propositadamente a carta em poder de Carlos. Era como uma tácita retribuição.

Longas foram as horas de lágrimas vertidas pelo infortunado mancebo naquela masmorra, onde nem mesmo tinha a liberdade de vertê-las sem ser presenciado por uma classe de indivíduos da mais baixa esfera social, com quem não podia trocar desabafos do coração.

Lia e relia a carta procurando descobrir nela a falácia nas suas letras, buscava uma interpretação que não aquela claramente entendida, passava as mãos pelos olhos, duvidoso de que lhe sobrasse a vista para bem dirigir os caracteres escritos pela mão de Matilde, que ele sabia ser bem a dela que os traçara e cuja caligrafia e suave perfume conhecera logo. Demais, o broche, seu presente de noivado, com o retrato que tantas vezes beijara, era o mais valioso atestado da sua falsidade. Não havia dúvida de que ela o enganara, a perjura, a traidora noiva.

Como admitir que Henrique e Margarida, tão seus amigos, consentissem nessa infâmia? Ou eram alheios aos novos amores? Como inteirar-se desse como que mistério? Quem lhe haveria de valer naquela enxovia?

E o silêncio daquelas quatro paredes, sombrias e sórdidas, continuava a desdenhar das suas interrogações mentais, que permaneceram sem resposta.

Mas, uma ideia súbita aflorou-lhe ao cérebro. Ele sabia que Gualtério impedia as relações do filho com Matilde e certamente essa correspondência era clandestina; talvez por isso os pais de Matilde se conservavam alheios ao que se passava. Depois de uma agoniada noite de vigília, amanheceram-lhe as trevas de outra noite, em que se constituíra a sua atual situação.

Um homem embriagado, que havia sido posto no seu cubículo dois dias antes, recebera ordem de sair. Carlos pediu-lhe um serviço, que era o de ser portador de uma carta a alguém, ganhando por isso um luís de ouro. O vagabundo aceitou de boa vontade a incumbência e recebeu dois papéis, que devia entregar a Gualtério d'Armont de Corday, rua Rivoli n. 28. Era a carta recebida de Roberto, acompanhado por um bilhete que escreveu a lápis com estes dizeres:

"Cidadão Gualtério:

Em tempo passado recebia V. S. uma carta, que seu filho Roberto endereçara à senhorita Matilde Portier. Agora vai surpreendê-lo outra, desta vez escrita por ela a seu filho. Perguntar-me-á V. S. como me chegou às mãos o papel; respondo de antemão; por intermédio de seu próprio filho, que aqui veio blasonar o seu triunfo. Demais, o retrato a que se refere a carta está em podor dele.

Que possa esse documento ser-lhe útil, são os desejos de quem nada mais pretende da senhorita Matilde, e que se assina muito grato servo.

Carlos Desmoulins."

O sujeito, metido num farragoulo remendado e em ordinários coturnos, tendo à cabeça um barrete esburacado, escancarando os olhos estragados pelo álcool, saiu gingando e lá foi seu destino com o luís num bolso e o envelope no outro.

Quando desempenhou o seu encargo, já tinha bebido meio luís de vinho.

Gualtério recebeu o precioso documento e leu-o com sobressaltos de espírito, e à hora do jantar, quando Roberto regressara, procurou surpreendê-lo maneirosamente, usando de tática nova, e dizendo-lhe:

— Nada sabes a respeito de Carlos Desmoulins... se já foi solto?

— Ignoro-o completamente.

— Ouvi dizer que a noiva o atraiçoou.

Roberto alarmou-se com a revelação e vacilou na resposta.

— Nunca mais a vi, nem nada ouvi a tal respeito, acrescentou fingindo-se despreocupado.

— Diz-se mais: que o novo enamorado possui um seu retrato.

Desta vez o espanto do moço equiparou-se ao susto, fazendo-lhe perder a fala.

— Andas assim tão mal informado de coisas, que antes te interessavam tanto?

— Naturalmente. Sabe meu pai que, depois dos últimos acontecimentos, desviei-me totalmente dessas pessoas.

— És capaz de afirmá-lo sob palavra de honra?

— Sob palavra de honra.

— Repete que o fazes sob a minha honra.

— Sob a sua honra.

— Sob a minha honra? refletiste bem?

O filho sobressaltou-se, mas já não podia tornar atrás, e confirmou titubeante, à meia voz.

— Sim, sob a sua honra.

— Miserável! Nivelas a honra de teu pai à tua, quando teu pai não mente! Canalha! Vê como te confundo, atirando-te à cara esta carta. Invertem-se os papéis. Outrora era a tua carta que me vinha às mãos, hoje é a de Matilde que me chega.

E jogou-a no rosto do filho.

Com as mãos trêmulas, Roberto apanhou o objeto caído ao chão, e que a rigor não se destinava a ele. Mas, como defender-se, se fôra ele mesmo quem armara a intriga? Encontrava-se assim preso nas suas próprias teias, sem poder nem saber como desembaraçar-se. Compreendeu prontamente que fôra Carlos quem achara meios de remeter o papel a Gualtério.

— E esse retrato? insistiu o pai na sua inquirição enérgica.

— O retrato não me foi entregue.

— Como não, se aí nesse papel se fala nele?

— Porém, Matilde... pediu-me a restituição receando... talvez ser imprudência renunciar a ele.

A situação se complicava para maior tribulação do moço, mas não lhe assistia o direito de queixar-se senão de si mesmo, que a engendrara imprudentemente. Era o laço armado pelo caçador leviano, em cuja armadilha ficara preso. As consequências ele as previa ameaçadoras, vergonhosas, desde que a carta fôra às mãos de seu genitor.

Refletirão os que estão analisando os fatos: embora sem a explosão que se está fazendo, mais tarde ou mais cedo havia de se descobrir o embuste.

Para responder a esta criteriosa consideração, vamos entrar no pensamento de Roberto.

Este pouco solerte empreendedor de aventuras, trabalhava com denodo junto a Robespierre para que Carlos fôsse guilhotinado por haver vendido a outrem uma cópia dos documentos que determinaram a sua prisão. Essa cópia Robespierre quis possuí-la, encarregando-o de adquiri-la por qualquer preço. Era-lhe fácil isso, de vez que Geni lha havia fornecido de seu próprio punho. Dias após o traidor confiava ao déspota o papel, dizendo-lhe:

— Comprei-o por mil francos a uma mulher. Veja como se adivinha pela caligrafia a letra feminina.

Quem é essa mulher?

— A irmã de Carlos Desmoulins.

— Nesse caso, irmã de Camilo Desmoulins?

— Exatamente.

Era verdadeiro. Geni era irmã de ambos.

— Nada, que Camilo está ao serviço de Danton, e eu não quero complicações com esse patife.

— Então Carlos também será salvo?

— Esse não. Tenho-o nas garras. Morrerá dentro de dois ou três dias, quando me der na veneta, disso não se livra ele.

Confiado nessa promessa, foi que Roberto se apressou a essa vingança para que o moço recebesse ainda um grande golpe antes de subir o patíbulo.

Pelo exposto vemos o perigo iminente que está correndo um dos nossos heróis.

*

Roberto receou conservar consigo a medalha com o retrato de Matilde, não fôsse o pai decidir-se a tomá-la, revistando-lhe os bolsos, que para isso não tinha escrúpulos, dado o seu caráter rigoroso e temível.

Chamou Maria secretamente e contou-lhe uma história muito complicada para justificar a posse de tal jóia, envolvendo no episódio Geni, de quem, disse ele, houvera obtido essa relíquia para guardar. Não queria que o pai soubesse disso, seria um perigo sabê-lo, acrescentou, invocando-lhe cuidados.

Havendo a menina guardado a medalha, adormeceu e sonhou coisas terríveis de ladrões que a assaltaram e a assassinaram para roubar-lhe a jóia, e acordou em sobressalto, após terrível pesadelo.

Logo que o irmão saiu depois do almoço, também ela o fêz sòzinha, como é de hábito em Paris, onde se vêem moças e crianças a passear a sós pela cidade.

Dirigiu-se a casa de Jaques e procurou falar a Geni. Esta, beijando-a e cingindo-a pela cintura, levou-a para o seu aposento.

— Olhe, Geni, trago-lhe aqui uma coisa para você guardar consigo. Tome, que eu não quero histórias comigo. Esta noite quase não dormi, de assustada.

Surprêsa ao ver a medalha que Matilde havia confiado a Rosália, perguntou Geni, mirando e remirando a jóia:

— Como obtiveste isto?

— Foi Roberto quem ma deu para guardar, dizendo que era de você.

— Minha não, estás vendo que é de Matilde.

— Pois sim, como pouco conheço Matilde, peço que você a entregue a ela. Eu é que não quero conversas com ladrões toda a noite.

— Fica descansada. Podes deixar o objeto em meu poder.

E Maria partiu como quem tira um peso da consciência.

IX

Geni ficara estupefata ante a imprevista aparição da medalha em mãos estranhas, pois que vira Matilde entregá-la à mulher andrajosa, que lhe aparecera apresentada pelo seu amado. Analisando os fatos, concluiu que houvera um ardil traçado pelo seu afeiçoado de maneira a conseguir o retrato da sua amiga. Este pensamento tomou vulto na sua imaginação e lançou-a na mais desoladora aflição, não só por se considerar vítima de uma deslealdade, como por ter sido envolvida uma incauta criatura a quem a vinculavam os mais sólidos laços de íntima estimação.

Recolheu-se ao seu aposento, onde se lançou sobre o leito banhada em sinceras lágrimas de infinita mágoa, diante do duplo ultraje. Durante o dia não se alimentou e à noite ardia em febre devoradora, sob violenta enxaqueca.

Seus pais ignoravam a causa dos seus padecimentos e indagavam dela a razão do seu abatimento, porém também a ela era defeso revelar coisas que a comprometeriam, de vez que o seu amor a Roberto constituía um segredo para os seus progenitores. Para contar-lhes o motivo da sua enfermidade, mais moral que física, precisava revolver causas, que pareciam remotas aos olhos paternos, e por isso se limitou a asseverar que o seu abatimento tinha por origem uma indisposição comum.

Entretanto, as suas lágrimas e soluços ela precisava ocultar aos seus amorosos genitores, principalmente à sua extremosa mãe, sempre solícita em lhe desviar qualquer motivo de amofinação e à qual era penoso ver sua filha finar-se num abatimento que saltava aos olhos, num desgosto que era misterioso por se traduzir em lágrimas.

— Porque choras, minha filha? perguntava apreensiva sua mãe.

— Não lhe sei explicar... um pressentimento penoso talvez.

— Temes que Carlos venha a ser guilhotinado?

— E' um motivo esse para deixar-me sucumbida.

— Não tens razão, quando vês o exemplo de teus pais, que confiam na justiça divina.

— Oh, minha mãe, a justiça divina está tão longe de mim.

— Não blasfemes, filha, não aumentes as tuas agruras. Crê em Deus, e espera.

— Que fazer senão confiar... mas deixe-me os olhos reçumarem o pranto, que isso me faz tanto bem, tanto me deixa aliviada...

— Pois chora, chora, criança, se isso te apraz.

E outras práticas se davam mais ou menos glosando essa enfermidade esquisita aos olhos dos pais da apaixonada moça.

*

Havendo refletido maduramente durante a noite, Gualtério às primeiras horas da manhã saiu de casa e dirigiu-se para a rua Chantorême.

Batendo à porta do departamento de Henrique Portier, foi-lhe franqueada a sala de visitas, onde ele rogava a presença do chefe da família.

Quem o recebeu foi Margarida, a quem ele se fêz anunciar como pessoa que tinha grandes interesses a tratar sobre assunto, que reputava de graves consequências. Pedia então à digna senhora que o deixasse a sós com seu marido, pois que ela, por seu intermédio, ficaria após ao corrente da essência do objeto versado, para seu governo e tranquilidade.

Poucos instantes eram passados quando Henrique entrava a sala, retirando-se a suspicaz esposa.

Com uma saudação de cabeça ao estranho visitante, Gualtério, ainda de pé, estendeu a mão ao pai de Matilde num delicado aperto, dizendo:

— Sei que é a mão de um homem honrado que venho de estreitar.

— Assim me orgulho de o ser. A quem devo a distinção da visita?

— A outro homem de bem. Sou Gualtério d'Armont de Corday.

— Já o conhecia por tradição. Jaques Desmoulins fala-me do senhor com entusiasmo de admiração pelo seu talento e pela nobreza do seu caráter.

— Exagera o meu amigo Jaques quanto ao primeiro predicado, não renunciando eu todavia aos louvores pelo segundo, e é para atestá-lo que aqui venho roubar-lhe alguns momentos de acurada atenção.

— Pode dispor da minha absoluta acolhida.

Os dois homens sentaram-se um em frente ao outro.

— O senhor tem uma filha, que sei chamar-se Matilde, e eu tenho um filho, cujo nome é Roberto. A sua herdeira enobrece o seu lar, o meu avilta a minha casa. Em resumo: a sua filha é um padrão de virtudes, o meu filho um demônio de perdição, disse gravemente o visitante.

— Que ponto de contacto pode co-existir nessas comparações?

— E' isso exatamente que faz o objeto da minha visita a sua casa. Pareceria que entre duas criaturas assim tão extremadas pelas qualidades não deveria haver contacto, como inteligentemente adiantou o senhor. Todavia, há entre ambos uma aproximação a que convém opor uma muralha intransponível, no interesse de, por seu lado, salvar a ombridade de sua filha, pois que, por outro lado, a de meu filho, essa eu o obrigarei a adquirir e venerar ainda que o estrangule antes que me desobedeça.

— Penso haver um equívoco da sua parte. Nada existe de comum entre os nossos filhos.

— Acredito que o senhor tenha sido ludibriado, e isso já eu o prejulgava para honra dos seus nobres escrúpulos.

— Assustam-me as suas palavras. Queira ser mais positivo.

Há um entendimento de amores entre os nossos filhos.

— E' engano seu, meu caro senhor. Minha filha é noiva de Carlos Desmoulins.

— Sabia há meses atrás que esse nobre cavalheiro dispunha do coração de sua filha, mas cumpro um dever de lealdade revelando-lhe que meu filho logrou insinuar-se, por artes diabólicas talvez, de modo a afastar o antigo pretensor às graças da senhorita Matilde e a consegui-las para si com êxito.

— Estou habilitado a afiançar-lhe que há manifesto engano no seu ânimo.

— Peço-lhe perdão por contrariá-lo, e o faço com lágrimas na voz e agonias bem pungitivas do coração.

— Quem o convenceu das suspeitas com que me fala?

— Uma carta de sua própria filha.

— Renovo as minhas dúvidas. Cartas, se Matilde as escrevesse, seria a Carlos; mas nem isso lhe é permitido, porque o noivo dela está incomunicável.

— Aqui lhe ofereço a prova de que sua filha se corresponde com alguém, que não é o seu noivo.

E entregou a Henrique o papel já conhecido.

O interlocutor tomou-o com menos interesse do que seria de supor, tal a confiança depositada na filha.

Leu e perguntou a quem fôra dirigido o escrito.

— A Roberto, tanto assim que a carta me foi devolvida pelo próprio Carlos.

— Mas não está aqui o nome de seu filho.

— Leia esta outra.

E apresentou a que Carlos lhe havia endereçado.

Acabada a leitura, Henrique havia empalidecido, e inquiriu:

— E o retrato a que se refere a carta?

— Disse meu filho que a senhorita Matilde o havia retomado de suas mãos.

— E' horrível o que se passa. Não devo submeter Matilde a um interrogatório na presença do senhor, até porque, entendo que o seu dever termina onde começa o meu. Há uma linha divisória entre as nossas responsabilidades.

— Tem razão até certo ponto, mas eu desejava ver

extintas as possibilidades de uma continuidade de relações entre os dois jovens. Que pensará sua filha?

— Prometo informá-lo sobre o ponto a que vai chegar o meu inquérito, e disso lhe farei ciente com brevidade.

— Estamos entendidos. A minha casa, que fica sendo sua, é à rua Rivoli n. 28.

E depois de um forte aperto de mão, separaram-se os dois homens.

*

Quase simultâneamente Roberto perguntava a Maria se o retrato estava em lugar seguro.

— Está, sim. Não disseste que Geni é que te havia entregado a medalha?

— Disse.

— Pois fui levá-la a ela.

— Que fizeste, louca? perguntou o irmão ainda mais apavorado com a notícia, que complicava infinitamente a sua situação.

— E' que não dormi toda a noite. Quando adormecia, sonhava com ladrões. Deus me livre de guardar aquilo. Parecia feitiçaria. Cruzes!

— Pois que o entregasses a mim, que o depositaria em outra parte.

— Para que querias um retrato de Matilde? Ela não te é nada...

— Não te metas no que não é da tua conta.

— Então não me amolasse, ouviu?

Começava a haver nesta menina uma quase ojeriza pelo irmão desde que percebeu os seus maus costumes, a sua irreverência pelo pai, as várias contenções que se travavam no lar, e daí a sua indisposição para acolhê-lo nos carinhos que se dispensam irmãos. Assim vivia Roberto divorciado da simpatia dos três membros da família.

O seu pavor cresceu diante da perspectiva dos sucessos advenientes ao da véspera, em que agora ficara Geni envolvida por culpa da inexperiente irmã. Desde que o seu propósito era simplesmente vingar-se de Carlos, não devia ser envolvida Geni, comparsa apenas no episódio, mas sem nenhuma significação na responsabilidade, que à última hora passava a ter na inesperada passagem da medalha para as suas mãos. Ela havia sido testemunha da entrada da velhinha nesse conluio; fora a intermediária na sua apresentação a Matilde e ignorava o desenlace dos fatos. Nesse momento que papel ficava ele representando diante da moça? Teria de fugir-lhe, mas como fugir ao pai? Como reconciliar-se com ele e religar as pontas de um tecido que desfizera em pedaços, tal como um retábulo artístico de um santo de cristal que se quebra e de que se pretende reunir os fragmentos para salvar a obra devota e inestimável?

Sentado numa poltrona, tendo a cabeça apoiada entre as mãos, vencido pela decepção, acabrunhado pelo grande dissabor, chegou a maldizer a hora em que pensara em semelhante trampolinice e a reconhecer a sua miséria moral, a mesquinhez dos seus sentimentos.

Ergueu-se num impulso de incontida cólera e bradou entre si:

— Sou um grande miserável! Os deuses infernais são vespas que me remordem.

Entrara o pai. Viu-o ainda na aflição e perguntou-lhe em que cismava.

— Em morrer, respondeu agressivamente.

— Ainda é cedo. Para os indignos, a vida é o maior castigo. Viva e amargue a esponja de fel, que não é melhor que os outros, antes pelo contrário.

— Pois amargarei, seja.

— Prepare-se para seguir viagem. O senhor não pode continuar a viver em uma terra, em cuja passagem tem deixado sob seus passos o vestígio da sua peçonha. Porque isso pouca valia teria, se de conjunto não arrastasse na lama o meu pundonor.

— O senhor exagera. Eu apenas sou criminoso, se é crime amar, porque volvi os olhos para uma criatura de seu desagrado.

— Que eu lhe proibi de apoquentar, e que o senhor seduziu... cuja alma envenenou.

— Está enganado...

— Silêncio! Nem mais uma palavra! Já lhe disse que vamos sair desta cidade para não aumentar a série de vergonhas a que fui arrastado por um filho degenerado, por um refalsado canalha. Iremos dentro de dois dias para Argentã, no Orne, ficando em Paris sòmente Pedro, a serviço da Convenção.

— Se assim o determina meu pai, obedeço.

Esta notícia rápida não deixou de trazer ao espírito de Roberto um tal ou qual alívio, porque vinha exatamente resolver o problema a que as suas reflexões há poucos momentos se entregavam, sem lobrigar uma porta de saída. Fora de Paris seria poupado aos vexames a que estaria sujeito perante as pessoas diante das quais ficara incompatibilizado, inclusive Carlos, que continuava a viver, embora a promessa de Robespierre de fazê-lo desaparecer — o que poderia falhar.

Almoçou com melhor apetite e saboreou com delícia um passeio de despedida pelas alamedas visitadas pelos transitantes vagabundos.

*

Embora inteiramente emancipada do espírito de mal entendida curiosidade, e do hábito de espionar por trás das cortinas, Margarida quis escutar a entrevista de Gualtério para assim melhor estereotipar todas as palavras do diálogo, a que poderia escapar algum pormenor interessante e precioso, tanto mais quanto não se tratava de assunto reservado e inacessível ao seu conhecimento, pois fora o visitante quem adiantara que ela seria sabedora de tudo por intermédio do marido. Por isso, pôde ouvir, sentada no interior de um aposento anexo à sala de visitas, a conversa por inteiro entre os dois homens.

Ao retirar-se Gualtério, Henrique mostrou-lhe as duas cartas, única parte da conferência — a mais essencial — a que a esposa estava alheia.

Leu-as com espanto e sentiu congelar-se-lhe o sangue nas veias. Repetiu a leitura para convencer-se de que não estava iludida, e, depois de refletir, fitando o marido, que permanecia abstrato, como que petrificado pela dor, assim como a estátua de Níobe, pronunciou-se pela solução de chamar a filha e entregar-lhe a chave do mistério.

Foi o que fizeram.

Matilde compareceu ao apelo e ouviu a exposição do insólito fato, perante o qual também se mostrou surpreendida.

— Esta carta, disse ela, foi dirigida em envelope fechado a Carlos. Foi ele quem me solicitou o retrato. Há uma testemunha da entrega, se não bastasse a minha consciência: é Geni.

E passou a narrar minuciosamente o episódio, em que colaborou a velhinha Rosália.

O final da exposição foi um desafogo, que culminou por se verem os três enlaçados no mais amoroso amplexo, como a buscarem simultâneamente no calor do seio energias dispersadas nos sustos por que passaram. Fazia lembrar o quadro, esses a que por vezes assistimos no tablado, quando, depois de grandes lances perigosos — e este não o foi menos — as personagens triunfam e conseguem a harmonia, traduzida por abraços recíprocos e expansões jubilosas.

Faltava porém saber que fora feito da medalha de Matilde, e essa não era questão de somenos importância. Os mais fortes indícios denunciavam Roberto como o detentor da jóia. Henrique ficara de procurar Gualtério para esclarecer o resultado da sua investigação com a filha, e resolveu procurar aquele cavalheiro, tanto mais quanto era necessário descobrir um objeto, que não podia ficar sendo o joguete de caprichos e quiçá de infâmias e desrespeitos. Dirigiu-se a casa de Gualtério, acompanhado de Matilde, que desejou ir ter com Geni, a quem precisava revelar a ignobilidade de Roberto, mostrando-lhe ainda uma vez o perigo em perseverar na manutenção de uma amizade por todos os títulos perniciosa.

E ambos alcançaram os seus destinos.

A chegada de Henrique foi motivo para que Gualtério redobrasse no conceito que fazia daquele, em virtude da presteza com que acudia a limpar as manchas, que andavam a querer enodoar-lhe a reputação.

O esclarecimento de Matilde veio trazer nova luz à questão, ficando provado para o pai de Roberto quão maior fôra a indignidade do filho, cuja corrupção se avolumara pelo descaro com que agira em matéria tão respeitável.

Quanto ao retrato, nada poderia ser apurado sem o regresso de Roberto, que parecia haver mentido.

— A maior satisfação que lhe poderia dar em resgate, embora exíguo, do mal que involuntàriamente levei à paz de seu lar, é a de retirar-me de Paris. Vou para o interior, onde procurarei conciliar com o bucolismo da natureza a pestilência deste paul em que meu filho me chafurdou. Vou sonegá-lo à sociedade, evitando-a do seu contacto pernicioso.

— Não me assiste o direito de aconselhá-lo, tanto mais quanto lhe descubro, com crescente veneração, o alto e invejável critério com que se governa. Todavia, lamento profundamente que a nossa sociedade, ornada de valores especiosos e tão carecida de padrões de nobreza, que nela minguam num crescendo espantoso, se veja privada de mais um dos raros especímenes em que se podiam moldar as virtudes antigas.

— Curvo-me agradecido pelos generosos estímulos com que me favorece, e guardo-os como alentos a desânimos com que a sorte ainda me queira experimentar.

— As minhas portas continuam a estar franqueadas ao amigo, mesmo depois de andar por longínquas plagas, finalizou Henrique, apertando a mão do interlocutor.

— Não partirei antes que lhe dê uma solução definitiva sobre o objeto em demanda e sem lhe dar o último abraço de amigo, já agora permita que assim lhe chame.

— Muito bem, é mais um título de nobreza a acrescentar ao seu arquivo. Até breve.

E saiu a caminho de casa, onde a filha ainda não havia tornado.

*

O encontro dela com Geni foi-lhe uma surpresa, não tanto por encontrá-la enferma, quanto por saber que a sua medalha ela a conservava em custódia.

— Como te lamento, minha amiga, por ver-te ainda mais inditosa que eu, assim falou Matilde.

— Não me bastava o desprezo dele, faltava o aviltamento.

— Quantas vezes aconselhei-te o bom caminho?

— Não pude segui-lo; agora penso que seguirei o da morte, que talvez seja mais suave e tranquilo.

— Não fales assim, que me fazes sofrer também. Quero ver-te ressuscitada para uma felicidade que te espreita e a que foges.

— Era isso que eu desejava, mas que queres? Uma covardia traiçoeira me empolga e trava os braços para conduzir-me atada ao pego da desgraça.

— Vamos, minha amiga, um movimento de atividade. Não quero voltar aqui amanhã a ouvir novas lamúrias, senão perdes a companheira, que se verá amesquinhada no seu esforço. Ou será que te não mereço a esmola da tua vida em penhor da nossa amizade?

Mereces tudo de mim, nem podes duvidá-lo. Escuta, aí vem minha mãe. Caluda!

— Vê lá, Matilde, que a minha filha deu para fazer manhas, a fingir de doente. Vou chamar uma *buena-dicha* para ler-lhe a sorte e dizer se isto não é mau olhado, disse rindo-se a boa senhora depois de haver osculado a visitante.

— Isso afirmo que foi. Mau olhado de gente satânica, respondeu também sorrindo a filha de Margarida.

— Às vezes é de homem invejoso.

— Não nego. A senhora crê nisso?

— Ora se creio... têm-se visto coisas...

— Inexplicáveis.

— Quer você tomar conta desta insubmissa aos medicamentos e a outros expedientes para sair da cama?

— Tomo, e asseguro que a curarei com banhos de ducha.

Desta facécia riu-se Lúcia gostosamente, retirando-se em seguida a chamado da criada.

Novamente a sós, comentou Geni:

— Admiro-te a calma com que sabes manter o bom humor.

— E' para dar-te o exemplo. Vejo ameaçada a vida do homem a quem mais amo no mundo, e não perdi a parcela de coragem, por confiar em Deus. Tu vês solto o infame — perdoa-me o desabafo —, o miserável que te espesinha e avilta, e tombas no leito, privas-te de dormir, de alimentar-te, de sorrir, de viver, de ressurgir na tua mocidade. Se eu perdesse meu noivo, privava-me de um tesouro, se tu visses morrer esse biltre, estarias livre de uma cataclismo. No entanto, eu sorrio e tu... tu te degradas, tu te somes numa possilga de podridões.

— Matilde, respondeu a outra, segurando-lhe as mãos, tem piedade da tua amiga.

E desatou no mais amargurado pranto.

— Então? Pagas-me com lágrimas o céu que te quero desvendar? Dás-me como prêmio à minha boa vontade em salvar-te o lançar-te ao desânimo dos soluços?

— Não sei vencer a minha dor, mas juro-te que jamais poderei recompensar a tua infinita estima. Quando te fores, leva contigo o compromisso de voltar amanhã. Olha, as tuas santas palavras estão fazendo efeito em meu coração. Vês, meu anjo, eu já não choro.

E principiava a sorrir.

*

A promessa de Robespierre ia ser cumprida com a execução do noivo de Matilde no patíbulo.

Avisado de estar condenado à pena última, o inditoso mancebo murmurou consigo mesmo:

— Que me vale a vida, agora que ela perdeu a razão de ser para mim?

E resignou-se a morrer como afronta ao malvado destino.

Tudo se havia preparado para o fatal momento, estando o carrasco prevenido para a execução, que se faria às 5 horas da manhã do dia seguinte, no cadafalso de Montfaucon.

A triste nova chegara ao conhecimento de Gualtério por intermédio do mesmo farroupilha que lhe havia levado a carta de Carlos, e que, tendo ido à cadeia buscar o seu cachimbo ali esquecido, teve ocasião de saber pelo guardião que o *moço guapo,* como ficara ali conhecido, ia subir ao cadafalso na madrugada seguinte. E' que o sujeito queria alguns francos de gratificação, e de fato recebeu dois luíses *pour boire* (para *matar o bicho.)*

O bom amigo de Jaques correu a avisá-lo, e a Henrique Portier, da triste nova, que encheu de consternação a todos e provocou grandes crises de lágrimas em Geni e Matilde, que ficara desmaiada por longo tempo.

Roberto também soubera na véspera, à noite, pela boca de Robespierre, e, além de se calar, ficara ausente de casa e pernoitara fora com receio de alguma maior explosão de ódio de seu pai, quando viesse a conhecer a desgraça.

Pela madrugada seguinte pouco movimento havia na praça da Villette quando chegaram algumas carruagens conduzindo as quatro famílias íntimas, todas trajando luto nas vestes e demonstrando-o nas fisionomias abatidíssimas.

Aos primeiros albores da manhã aparecia Carlos escoltado por gendarmes, que o entregaram ao executor da pena. O moço, pálido e escaveirado mais pelo desgosto da imaginária traição da noiva do que pela ideia de morrer, caminhava de olhos baixos e taciturnos.

Subiu vagarosamente os degraus do patíbulo e nem quis circunvagar o seu olhar pela praça para esquecer que ainda vivia.

A mágoa dos circunstantes era tanto maior por verem que não podiam ir ao encontro do desventurado jovem, ao menos para dizer-lhe que morria amado pela que ele suspeitava não ser mais sua noiva, e esse pensamento pungia amargamente o coração de Matilde, que, não podendo suportar o espetáculo sinistro, tombou sem sentidos sobre a almofada da sege.

Já no alto do estrado o moço poeta cerrou os olhos e esperou o cutelo.

Era uma cena dantesca essa que se oferecia aos seus amigos e parentes, que ele ignorava estarem ali presentes, inclusive aquela que o amava sinceramente, como presente estava seu irmão Camilo, homem da situação e entretanto impotente para desviar um golpe vibrado por um dos seus correligionários políticos.

Verificava-se ainda uma vez a desorientação reinante entre os mesmos, que deveriam estabelecer uma harmonia de vistas para o triunfo das ideias de Liberdade, Igualdade e Fraternidade, postas falsamente como divisa na bandeira da França, mas nunca observadas na prática.

Na alma de Carlos entrara o candente ferro de uma agonia atroz, nunca por ele imaginada. O moço confiara sempre na sinceridade de um amor, que se lhe oferecera espontâneo e virginal em coração infantil, liberto dos pendores envenenados pelos desvios mundanos, obedientes a cálculos e preconceitos.

No coração de Matilde ardia a chama de um afeto enraizado e agora maculado pela dúvida de seu amado no grave instante em que partia do mundo, aviltado por uma traição e pungido horrìvelmente pela calúnia. No seu derradeiro momento de vida, em vez de abençoar o seu nome, talvez o amaldiçoasse, talvez dirigisse os maiores insultos à sua dignidade, à sua constância.

Quando o carrasco ia movimentar a máquina da morte para decepar a cabeça do filho de Jaques, ouviu um brado forte na praça ordenando-lhe que sustivesse a execução por ordem de Robespierre. Era o grito de um homem que ali chegava agitando um papel na mão e mostrando-o ao executor: era Alexandre.

O carrasco desceu os degraus e recebeu das mãos do inesperado mensageiro a ordem escrita. Leu-a e entregou-a a Carlos para que ali visse o indulto.

*

A influência de Alexandre no exército francês se acentuara devida especialmente às suas qualidades morais, ao seu ardor belicoso, à sua culta inteligência e a outros muitos predicados que o tornaram querido de Napoleão Bonaparte, a esse tempo ainda Capitão, em exercício em Toulon, e que daí a um ano seria elevado a General de Brigada na célebre campanha da Itália.

A amizade que ligava o atual Capitão de artilheria

ao grande cabo de guerra permitia-lhe dispor de auxílios junto aos membros da Comissão de Salvação Pública, da qual faziam parte Danton, Marat e Robespierre.

Demais, vinha de conquistar os louros da vitória na Batalha de Valmy. (1)

Amigo particular de Camilo Desmoulins e de seu irmão Carlos, Alexandre havia prometido a si mesmo interessar-se pela libertação deste antes de consumados os desejos de Robespierre. Havendo regressado a Toulon especialmente para isso, expôs a Napoleão a sua pretensão e obteve imediatamente uma longa carta em que o famoso apóstolo da liberdade pleiteava com empenho a soltura de Carlos, carta essa que Alexandre levou pessoalmente ao déspota, fazendo-o erguer-se do leito pela madrugada do dia fatal.

O célebre revolucionário, ao ler o nome de quem a assinava, respondeu entre dentes, escondendo um certo despeito:

— Viestes bem escudado, Sr. Capitão. Podeis levar a ordem para soltar o vosso protegido. Mas ide correndo, antes que liberteis um cadáver.

E escreveu ràpidamente algumas linhas autorizando o encarregado das prisões a suspender a ordem de execução da vítima de Roberto Corday.

Descendo do patíbulo, Carlos divisara o seu grande amigo, mas em seu coração haviam-se estancado as palpitações de júbilo. De que lhe serviria a vida sem Matilde? pensava ele.

Caminhou penosamente, mais acabrunhado do que quando houvera escalado os degraus do patíbulo. Abraçou-se com Alexandre em soluços, e disse-lhe:

— Vieste, querido amigo, ressuscitar um homem que já estava morto antes de montar o cadafalso. Há outro patíbulo que me aguarda no mundo.

— Explica-te; ou perdeste o senso?

---

(1) Combate no Marne contra os prussianos, em que tomaram parte ativa os generais Dumouriez e Kellermann, havendo terminado em 20 de Setembro, justamente na véspera da proclamação da República Francesa. Por atos de bravura, Alexandre conquistara os galões de Capitão de artilheria.

Nesse momento avizinharam-se dele os parentes procurando tomá-lo nos braços, mas aqueles a quem ele se entregou de preferência foram os de seus pais e de sua irmã. Os demais espectadores da cena conservavam-se a pequena distância.

Dadas as explicações do incidente da falsa carta de Roberto, Carlos vibrou um grito de desvairada alegria e correu para onde estava Matilde, que ainda encontrou desfalecida no carro. Ergueu-a com ímpetos de louco nos braços, apertou-a contra o seio sôfregamente, até que os olhos dela se abriram e o fitaram como assombrada da aparição.

— És tu, meu Carlos? Renasces para o nosso amor?

— Sim, querida. Perdoa-me haver suspeitado do anjo, que agora me ressurge mais santificado para a eterna felicidade.

*

Era o 23 de Novembro de 92.

Matilde completava 18 e meio anos, quando Carlos Desmoulins entrava a fazer parte mais íntima da família Portier como genro do casal e número complementar de outro casal.

A formosa noiva do poeta passava a ser esposa e camena inspiradora de poemas, que possìvelmente deveriam começar a surgir à luz antes de um ano.

Foi isso o que, num brinde humorístico e malicioso, Alexandre, padrinho dos noivos, disse a Carlos em meio às gratas expansões de justificado júbilo, a que não faltaram amigos devotados a encher a casa de Henrique Portier.

— Como te arranjarás, Alexandre, perguntou-lhe ao ouvido Carlos, para produzir poemas quando algum dia te casares, se não és poeta?

— Ah, meu amigo, hei-de fazê-los em prosa chilra.

E neste tom de jovialidade decorria a festa nupcial.

X

Despontara o ano de 93, em que se avolumava a onda de sangue, que havia de espadanar pela França como um largo rio de rubras cores, justificando a época do Terror.

Pisava-se um chão de brasa, vivia-se sob a pressão de angústias terríveis, como se o povo palmilhasse dentro do inferno descrito pelo Dante, mergulhando no pez candente, ou em chumbo derretido.

A casa de Camilo enchia-se de amigos políticos e outros, que ali iam levar os aplausos pela sua atitude realmente honesta de libertador progressista, sincero e desejoso de trazer ao seu país a prosperidade e a harmonia.

Num desses saraus vamos encontrar Alexandre Ducos, que retornara licenciado de Toulon, Carlos e sua esposa, Jaques e seus filhos.

Procuremos saber o que fazem namorados, que é o que, não direi o leitor carrancudo e senecto, mas a leitora prazenteira e jovem prefere andar na espia.

Estão sentadas as duas inseparáveis amigas Matilde e Geni e dizem coisas banais, como estas:

— Vai para seis meses tu parecias emagrecer com a perda daquele que te desgarrava da estrada.

— Não me recordes isso, se me queres bem. Ainda tenho a ferida aberta, porque amei muito.

— Olha que se te digo isso é por ver que aí está quem pode transformar-te a existência num paraíso. Vai achar-te mais magra, isso sim.

— Não brinques com fogo.

— Já não me posso queimar.

— Bem sei. Dentro em breve possuirás um anjinho para entreter-te.

— E que me encherá de cuidados.

— Oxalá que nasça quando minha mãe esteja inteiramente restabelecida para levá-lo à pia batismal. Ela está sendo vítima de frequentes acessos de dispneia. Hoje pôde vir aqui, mas amanhã talvez passe o dia agoniada.

— Moléstias do coração... exauriu-se em movimentos de bondade... Aí vem o teu afeiçoado.

Era Alexandre que se aproximava.

— Segredos virginais, senhorita Geni, não devem ser violados, disse a sorrir o amável conviva, recurvando-se num rasgo de delicadeza e conservando-se um tanto arredio.

— São segredos de Polichinelo. Pode escutá-los, observou Matilde.

— Estou pouco afeito a ver-me entre anjos, respondeu o moço adiantando-se.

— Pois afeiçoe-se à vontade e não receie quebrar as asas de Geni, que a mim já faltam esses apêndices. Não preciso mais voar.

— Está jubilosa, ein? Tem razão de o estar. Eu quisera saber contar as vibrações desse coraçãozinho, a que nunca há-de findar a lua de mel. Havia de perder-me na vertigem do número.

— Sempre galanteador.

— Chega seu marido. Entrego-lhe a ele o monopólio dos galanteios e releve-me haver brincado um pouco consigo, sim?

— Muito bem, disse aquele chegando-se ao formoso grupo; vejo que se não esquecem. Conversem, conversem, disse dirigindo-se a Alexandre e a Geni.

E separou-se a um lado, deixando sentados o amigo e a irmã, a quem o jovem militar continuou a mostrar a sua verbosidade por este teor:

— Não poderei ser discreto em coisas que me falam aos íntimos sentimentos de atração. Gostava de saber se já se reconciliou com a felicidade.

— Desconheço a felicidade para ter um critério sobre essa miragem de tantos, que entretanto nunca me visitou.

— Seria interessante saber se é ela que se esconde, ou se é a senhorita quem lhe foge.

— Se não a vejo, como fugir-lhe?

— Viu-a, sim, vê-a e foge-lhe.

— Onde e quando?

— Aqui e agora.

Há agonias que carecem de ser desafogadas, lágrimas que se não podem represar, dores por demais percucientes, que o coração não logra suportar e desbordam como a torrente dágua por um despenhadeiro. Se não for assim, foge a razão, congela-se o sangue, extingue-se a própria vida. E' o caos, é o horror do vácuo, a alucinação do báratro, o mergulhar na hediondez do Érebo infernal.

Era num estado dalma assim que Geni escutava enlevada o doce idílio romântico do jovem cortejador, que lhe vinha ser naquela hora de desalento o mediador plástico da ventura.

Já se disse que o amor é um mistério, um absurdo, uma esfinge, e para confirmar todas essas hipérboles aí temos nós o caso de Geni.

Ela é a perfeita negação da psicologia corriqueira, um desmentido formal aos fatos experimentais, em que o amor é virtude intransferível, como os convites nominativos para as diversões sociais.

Não quer isto dizer que ela amasse desde logo a Alexandre, digamo-lo em abono da verdade, de que, no dizer do máximo poeta latino, depende a vida. Em Geni ainda "se reconheciam os vestígios da antiga chama". (1)

Ainda percutiam aos seus ouvidos os conselhos prudentes de Matilde para que se erguesse de pé na sua dignidade, e esse esforço ela ali o estava pondo em prática com denodo, com heroísmo — eis o caso exposto na sua lídima expressão. Salvem-se as aparências tomadas em mau sentido, talvez de desbrio, de inconstância e quejandos detratores da fisionomia dos fatos.

A alvura imaculada do seu caráter não padecia

---

(1) **Agnosco vestigia veteris flamma. — Eneida**, de Virgílio.

perigo de manchas, nem a sua consciência seria conspurcada, como não o seria a incoerência de sentimentos. Apenas o pêndulo do coração vacilava ao norte e ao sul, não sabendo de que lado havia de raiar o sol para assinalar o meio dia da ventura.

Pois ela ainda podia esperar alguma coisa de Roberto? Teria acaso saudades dele? O coração emudecia diante destas consultas.

A esperança nunca se encontra na estrada com a saudade. Uma caminha para o futuro, a outra retrocede ao passado.

Essa era a instável situação da moça desde quando o elegante mancebo suspirara:

— Aqui e agora.

Quer dizer que era ali que ela vira a felicidade, e lhe fugia, era agora que a felicidade aí vinha, e a esquiva borboleta sempre a escapar-se-lhe.

— Não lhe fuja agora, repetiu ele, se não está premeditando a fuga.

— Quanto lhe desejaria ser amável...

— E não pode? Acaso acha-me repulsivo?

— Isso não, creia na minha sinceridade. Apenas não poderia oferecer-lhe um coração arejado de um... não sei como definir a infecção que o molesta.

— Está me interessando a sua franqueza. Fale mais claro: ainda ama a Roberto?

— Foi uma chama, que parece extinguir-se, respondeu num prolongado suspiro, como se dele se evolasse o último sopro animador de seus enlevos.

— Desventurada criatura, sois na verdade. Como pôde deixar que a envolvesse essa víbora? Que, na verdade, um amor fatal, víbora é.

— Foi a fatalidade...

E Geni recordava as palavras de Gualtério.

— Resta porventura alguma esperança desse passado?

Depois de supremo esforço, respondeu a moça resoluta:

— Não.

Era a vitória absoluta sobre si mesma. Dizer que

o amor a Roberto era chama que parecia extinguir-se e responder negativamente quanto às esperanças do passado, correspondia a arrancar de vez a erva daninha do coração. Fê-lo propositadamente no intuito de contrair um compromisso para com o jovem militar e poder dessarte ver nele o amável auxiliar na reabilitação da sua antiga paz.

— Posso porventura regressar ao meu posto sabendo que o meu nome será doravante balbuciado nas suas preces?

— Sim.

— Que os seus pensamentos serão confundidos com os meus?

— Sim.

— Que mais pode conceder-me para que me considere absolutamente ditoso?

A ofegante moça, tendo o coração a palpitar com violência, fitou demoradamente o rosto do inquiridor, baixou-os após, levou as mãos ao seio para suster a ansiedade e murmurou como quem recita um salmo:

— Amor.

— Como se vê, respostas telegráficas, mas a última culminou na grandeza mesma do seu resumo, na extensão da própria síntese.

Que amor é só por si uma palavra, que concentra todas as expressões humanas. As páginas de um livro colossal, de um in-fólio infinito, se aí não for inscrito esse eloquente vocábulo, nada dirão. Um homem e uma mulher, conversando a vida inteira sem pronunciarem o santíssimo verbo — amar — é como se fôssem mudos, como se não se encontrassem, como se não vivessem. Sem esse termo, não existiria a linguagem humana, sem amor nas práticas sociais não desceria o sol a iluminar-nos a face, o luar a pratear-nos a cabeça, as estrelas a refletirem, em cintilações, gemidos que para a alma fôssem incógnitos, suspiros que o seio ignorasse, anseios que o coração desconhecesse.

— Disse tudo quanto podia conceder-me, encantadora Geni, respondeu Alexandre numa como ressurreição de esperanças mortas.

— Sim, amor. Que mais posso oferecer-lhe do meu minguado patrimônio? Creia que me julgo envelhecida na desventura, que ainda me não havia dourado a cabeça o sol das santas alegrias, dessas que descem voluntárias sobre tantos e que para mim tão esquivas têm sido em associar-me aos contemplados com os seus favores.

— Impróprio pessimismo em lábios tão ternos.

— Mas espero encontrar o apoio dos seus braços para levantar-me até aonde paira a felicidade.

— Tê-lo-á firme no meu pulso musculoso, até depositá-la no trono do meu coração.

E tomando as mãos de Geni, apertou-as com força como que num pacto silencioso.

Dissolveu-se a reunião.

*

Ao outro dia Geni comunicava a Matilde o cruzamento do seu compromisso com o jovem militar, e abraçava-a, dizendo-lhe:

— A ti pertence de direito o triunfo supremo da minha obra. Tu fôste a hábil construtora a delineá-la, eu a modesta artífice a executá-la. Quando um dia me vires de braço dado com meu esposo... com meu esposo, oh, como estas palavras me trazem um sabor de ambrosia...

— Continua... quando te vir de braço com teu esposo...

— Poderás afirmar: ali vai um par coroado com grinaldas de rosas, que eu teci com as minhas mãos. Fui eu quem lhes pôs nos braços os troféus da vitória.

— Vê lá como já estás saturada de poesia... oh, o amor...

— Não te digo nada; já esta noite sonhei com ele. Tinha a transparência diáfana de um anjo, mas não lhe direi isso para que não vá voar para longe.

E assim findaram estas expansões de tão delicioso sainete.

*

As relações de Alexandre tornaram-se mais íntimas com a família de Jaques, com quem o noivado da filha tomava caráter de festa pelo prazer que esse acontecimento representava no conceito de todos.

O bravo militar amiudava agora as suas viagens a Paris para visitar a sua escolhida, cujo amor esplendia e se manifestava em carinhos constantes.

Os padecimentos de Lúcia se agravaram, despertando cuidados e apreensões funestas. Rodearam-na soluçantes o esposo e os filhos, solidários na imensa, irreparável amargura.

Sabendo-se grave, Lúcia se lamentava de não assistir à união da filha, pois o enlace não se podia efetuar por depender de uma delonga motivada por questões de deveres militares. Alexandre tencionava obter a sua remoção para a região de Paris, e esperava as ordens de Napoleão, a cujo serviço obedecia.

O mal de Lúcia era sem remédio, e o aneurisma matou-a sem que ela tivesse tempo de soltar um gemido.

Esse desenlace originou o vácuo no lar de Jaques, que se vira assim privado dos extremosos carinhos da bondosa esposa. Restava-lhe Geni, que aguardava o seu consórcio em momento oportuno.

*

Reinava imenso júbilo no coração de Gaspar por ver seu filho Alexande na iminência de se ligar à família do seu grande amigo Jaques. Essa satisfação, porém, era toldada pelos sobressaltos causados pela situação política, em que colaborava seu outro filho João, deputado girondino, que era apontado, quanto os seus companheiros de bancada, como insurgente contra a orientação dos chefes da Comuna, fundada em 10 de Agosto de 92, e aos quais fora dado o nome de terroristas. Estava-se em plena vigência da época do Terror.

Outra preocupação do pastor era haver notado em sua esposa graves sintomas de desequilíbrio mental, que se manifestava com a mania de que era perseguida por toda a gente.

Essas manifestações de demência agravavam-se diàriamente, havendo alguns momentos de lucidez e calma, que lhe davam tréguas aos desatinos.

Isso contribuía para o desassossego de Gaspar, já tão assediado por incômodos morais, que o perturbavam nos seus exercícios doutrinários e lhe esgotavam as energias físicas e mentais.

A pobre mulher tinha visões fantásticas, sonhos perturbados por aparições de seres inimigos, que se lhe apresentavam sangrentos e decapitados apostrofando-a, clamando por vingança, transudando ódio feroz.

Eram as vítimas do seu passado.

Ignorante das leis das vidas sucessivas, Gaspar confiava aos médicos psiquiatras a enferma, sem proveito nem melhora sensível, além das providenciais intermitências passageiras.

Eram terríveis os momentos de delírio, em que a pobre energúmena por vezes arremetia contra todos quantos se lhe avizinhavam, mesmo o esposo ou os filhos, causando pânico às crianças recolhidas ao orfanato, que já estavam privadas da sua bondosa assistência. Era então doloroso observar como esses inocentes, que dantes se compraziam em se lançar aos seus afetuosos braços, agora eram os primeiros a fugir dela espavoridos como de uma fúria indomável.

Frequentemente ela, com os olhos esbugalhados, fitava um recanto qualquer, como se ali estivesse acocorada algum abantesma, e clamava:

— Olhem, ali está ele!

— Ele quem? perguntava o marido com estranheza.

— O sicário. Tem um punhal na mão, quer matar-me.

Gaspar aproximava-se do local, levado para ali automàticamente.

— Correu para aqui, insistia a pobre doente.

E designava outra face da sala.

— Segura-o, senão o celerado me mata.

Estas alucinações, bem conhecidas dos que já estão familiarizados com os fenômenos de perseguição *post-mortem,* e a que chamam mania de perseguição, não são raras e quase sempre terminam pela loucura, senão pelo suicídio.

As de Catarina renovavam-se amiúde, acabando por deixarem-na exausta profundamente e desanimado o pregador evangélico.

Eram dele estes conceitos irreverentes:

— Senhor, eu vi um dia a luz da Verdade nas páginas de ouro de Jesus-Cristo. Li-as e prosternei-me de joelhos para beijar a Bíblia. Ali estava, bem o percebera eu a salvação das almas, o paraíso dos aflitos. Segui as pegadas do Mestre, saltei rochedos, feri-me nas arestas das pederneiras, ouvi o apodo das multidões, ofereci a face a quem entendeu de esbofetear-me, o peito a alguns que me ameaçaram de morte, a vida a todos quantos não me deixavam passar. E tudo fiz, meu Deus, supondo haver merecido o teu beneplácito, mas sem outro interesse que não o de servir-te, amar-te e merecer o teu amor. Será, Senhor, que me enganasse? Será que não tens misericórdia? Será que vivi iludido na crença de que eras justiceiro, magnânimo, equitativo?

Porque, ao cabo de tantos anos de comprovada fé e constante apostolado, depois que vi a minha casa iluminada por uma criatura, que me foi toda a alegria, que me enriqueceu com três filhos, que andou a dispensar ósculos de amorosa piedade por esses seres desamparados, deixaste que o demônio aqui entrasse para danificar a obra que eu suspeitava ser também tua, pois foi o teu Filho quem a recomendou no seu Evangelho?

Distribuí a palavra dele pelos incrédulos e pelos maus, pelos ricos e pelos pobres, e ao fim desse ministério aí está a companheira de tantos anos perdida na inteligência, aniquilada na atividade, sucumbida na tranquilidade, sacrificada na saúde.

Bem vês que vacilo, que sofro com o teu silêncio, com a tua indiferença. Como podes ser cruel para quem tudo deu do seu coração a quem nada possuía, e agora que o tenho vazio, quando lá se me foram todas as energias, o sangue, o viçor da mocidade, deixas-me perdido no deserto da estrada como um beduíno que não sabe onde matar a sede, onde achar um oásis a que se recolher do comburente calor?

E jogou-se ao chão chorando convulsamente, pois foi-lhe resposta o silêncio sepulcral. E assim continuou, rojando-se pelo solo a arrancar os cabelos híspidos e a repuxar os fios da barba, que começava a nevar.

— E emudeces, Deus ingrato, e não reparas que nem tenho um Cireneu para daqui me erguer depois desta primeira queda. Tu viste que eu nunca havia tombado, que ao Cristo faltou a força para conduzir a cruz, quando a mim sobrou a energia da palavra e o vigor potencial para dominar multidões.

E não me queres acudir?

Nesse instante entrava Catarina com os olhos cerrados, como um duende marchando solenemente, e, estacando à porta, assim falou:

— Basta de blasfêmias, mísero mortal, que és! Cala-te, e compreende o que é misericórdia, justiça e magnanimidade.

Que esperas tu? O prêmio aqui? Insensato! Ainda não chegou a hora de receberes o teu salário. Bem apressado artífice que és!

Caminha, continua a jornada, não olhes para trás. Se tens os pés sangrando, lenimenta-os com as tuas próprias lágrimas; se a febre te calcina o corpo, é ainda com o teu pranto que a farás ceder. Sempre lágrimas, sempre cruéis sofrimentos, entendeste?

Para diante, meu filho, que já muito andaste e mais ainda terás que caminhar. Oh, como és criança a julgar que já havias feito jus às graças do Senhor! Ele ainda espera muita coisa do teu esforço.

Não viste por quantas estradas andou o Divino Mestre sem alcançar senão os espinhos com que o coroaram? Como querias tu, verme insignificante, receber grinaldas de flores?

Para terminar, dir-te-ei ainda: Pediste um cireneu; aqui estou eu para ajudar-te a erguer a cruz.

Levanta-te e segue o teu roteiro até ao fim da estrada, que ruma para o Calvário, e vai dizendo pelo caminho aos teus irmãos, que saibam vencer triunfantemente os escolhos da vida transitória.

E' lá, meu pobre filho, que se acaba o martírio.

E apontava para cima.

Caindo ao chão, qual se tivesse um delíquio, Catarina abriu os olhos como quem desperta de um sonho magnético, e fitou surpresa o marido, que não menos admirado se conservara durante a assombrosa mensagem celestial.

Seria um sonho tudo quanto se passara? Que insólito fenômeno era esse? perguntava a si mesmo o pastor.

E continuava a contemplar boquiaberto a mulher, que menos ainda tivera consciência do papel que desempenhara, e que se conservava absolutamente calma.

— Sentes alguma coisa? perguntou-lhe Gaspar, temendo alguma reviravolta, ou retorno dos conselhos oriundos do plano invisível.

— Não; acho-me muito bem disposta, bastante aliviada, graças a Deus.

— Ainda bem.

— Porque me fitas assim, com olhos admirativos?

— E' que me disseste tantas palavras consoladoras... não te recordas?

— Não, pois falei-te alguma coisa?

— Deste-me conselhos sobrenaturais.

— E' singular, visto que eu estava bem longe daqui e senti um grande peso nos olhos, um desejo de adormecer; perdi a noção das coisas e, depois, achei-me perto de ti. Como foi isso?

— Ignoro, estou como tu, na mesma inconsciência.

— E' verdade que já soubemos de um caso idêntico, passado com uma pequena aqui recolhida.

— Tens razão, e que os médicos disseram ser histerismo. Dormia e falava coisas, que escapavam à sua capacidade.

— Era sonâmbula, tal como acabas de revelar-te. Talvez isso te faça bem. Deus o permita. Já agora tenho uma mensageira do céu, seja o Senhor louvado.

Diversos médicos tinham afirmado que as viagens muito poderiam influir sobre o organismo da enferma, aconselhando Gaspar a levar a esposa à Itália, onde se poderia distrair vendo os velhos monumentos, as campinas, as paisagens e recebendo impressões agradáveis ao espírito.

Como se passassem muitos dias de calma e parecesse haver-se estabelecido uma trégua, Gaspar planejou uma excursão, em que aproveitaria a passagem para pregar a sua doutrina pelas velhas regiões do Lácio. Verificando que havia dois meses que sua mulher aparentava melhoras, e temendo lhe voltassem as visões a empecer--lhe os propósitos, organizou seus aprestos de viagem e, depois de despedir-se dos amigos, seguiu viagem, deixando seu filho João no desempenho das suas obrigações políticas. Dirigiu-se para o meio-dia da França, através do Mediterrâneo, demandando Gênova. Aí se deteve o pastor alguns dias, seguindo rumo de Nápoles, escalando em Roma, Piza e Florença, e alcançando Nápoles, onde permaneceu esperando o milagre da cura.

Os fenômenos de alienação mental voltaram com intermitências, ora graves, ora benévolos, não deixando esperanças de melhoria, nem provocando o desespero absoluto no ânimo de Gaspar.

Catarina continuava a ver em toda a parte fantasmas a perseguirem-na inexoràvelmente, numa explosão de ódios fulminantes.

Com a publicação do decreto de 31 de Maio de 93, em que todos os deputados girondinos eram banidos para Calvados, foram na leva Pedro Corday e João Ducos, filho de Gaspar.

A comunicação desse incidente, sabido pelo pregador evangélico, trouxe-lhe maiores desassossegos, principalmente por não poder ocultar a notícia, que fora transmitida diante de Catarina, causando a esta profundo desgosto.

Deixemo-la confiada à misericórdia divina e regressemos aonde nos esperam novos martírios, que outra coisa não se pode aguardar na existência terrena.

XI

Privada dos carinhos materiais e da educação do lar, onde a infância adquire as noções mais elementares da vida, Carlota Corday, a filha de Gualtério, educada no Convento de Caen, teve diante de si a liberdade campestre de uma existência sem os freios dos preconceitos reguladores do livre arbítrio.

Era ela uma moça alta, clara, de cabelos louros, supercílios castanhos, olhos de grande doçura, nariz um pouco pronunciado, o mento um tanto largo e fendido. Sua voz infantil possuía um timbre particular (textual).

Louvet, escritor da época, assim falou a seu respeito: "Vi uma moça alta, bem feita, tendo um ar de honestidade e grande valor, mantendo nobre aspecto. Havia na sua figura, ao mesmo tempo bela e formosa, e em todo o reflexo do seu corpo, um misto de doçura e de altivez, que denunciavam claramente a sua alma celeste."

Dotada de inteligência invulgar, possuindo profunda tendência pela literatura e pela filosofia, lia de preferência os versos de seu tio-avô Corneille e as obras de Plucarco, Tácito, Rousseau, Voltaire e Abade Raynol.

Não se dava a práticas religiosas, apesar de educada em um convento, nem revelava a feição feminina do seu espírito.

Vivia com uma tia, Mme. Contolier de Brette-Ville-Gourville, com a qual repartia os suspiros no tédio da sua solidão, demonstrando a conformidade com a sua pobreza e não alimentando esperança de contrair matrimônio.

Era todavia uma sonhadora, um espírito elevado às fantasias do ideal, nutrindo amor à liberdade e ao progresso, e por isso mesmo não se desinteressava do movimento que se fazia em torno da sua pátria, acatando estas palavras de Rousseau: "Não vos fieis na ordem atual da sociedade, sem deixar de notar que essa ordem está sujeita a inevitáveis revoluções, e que não é possível prever nem prevenir o que está reservado aos nossos filhos. O grande torna-se pequeno, o rico torna-se pobre, o monarca torna-se burguês. Nós nos aproximamos de um estado de crise e do século das revoluções."

Lendo os jornais da época, tornou-se ardente girondina e, como republicana, julgava Marat o principal agente da anarquia social, o autor de todos os crimes, o agitador de todos os convênios, e entendia de si consigo que, morto ele, era certo volverem a paz e a liberdade ao seio da nação.

A revolução de 31 de Maio a 2 de Junho de 93, fêz que os girondinos fôssem proscritos para Calvados, mas aí continuaram as suas prédicas vermelhas, gerando a exaltação do fanatismo de Carlota.

A Normandia havia sido sublevada em 31 de Maio pelo verbo inflamado de Buzot, Salles, Pétion, Valaze, Barbaroux, Louvet e Wunfren, tendo este anunciado que marcharia sobre Paris com 60.000 normandos.

Carlota assistia às reuniões do *Comité* chamado *Assembleia Central de Resistência da Oposição,* onde admirava então a loquacidade dos deputados girondinos.

Guardando o máximo sigilo sobre as suas intenções funestas, escreveu ao pai para Argentã, onde ele se achava, dizendo que iria ter lá, isso no intuito de justificar a sua saída de Calvados, e abalou para a Capital, levando consigo um exemplar da *Bíblia dos Fortes,* de Plutarco. Aí chegando, hospedou-se no Hotel da Providência, à rua *des Vieux-Augustins,* em 11 de Julho.

Marat habitava na rua *des Cordéliers* n. 30, hoje rua da Escola de Medicina.

A seguir, a moça escreveu uma carta ao famoso repúblico, assim redigida (textual):

"Cidadão:

Cheguei de Caen. O vosso amor pela pátria faz-me presumir que conheceis os desditosos acontecimentos da

Pátria e da República. Vou apresentar-me em vossa casa daqui a uma hora. Tende a bondade de receber-me e de conceder-me um momento de atenção. Contribuirei ao mesmo tempo para prestar um serviço à França.

Carlota Corday."

Não logrou ser atendida a essa hora e voltou por duas vezes a insistir, até que no dia seguinte às sete horas da manhã, depois de inauditos esforços, por intermédio de Simôa Evrand, amante de Marat, declarou-lhe ter importantes revelações a fazer.

Transigindo com a sua indiferença pela visita, Marat, que se achava tomando banho, por ser homem sem escrúpulos, mandou que a moça entrasse no quarto e ali mesmo a recebeu.

Carlota simulou denunciar alguns nomes de girondinos, que o déspota ia escrevendo e declarando de antemão que ia mandar decapitá-los.

Sùbitamente, ela, que já se havia aprestado com uma faca de cozinha, tirou-a de sob a capa e enterrou-a no peito de Marat, atravessando-lhe o pulmão, a aorta e o coração.

O famoso revolucionário apenas teve tempo de exclamar:

— Acode-me, acode-me, minha cara amiga!

O sangue espirralou, indo cair no quarto ao lado. Aos gritos do assassinado acudiram todos, e enquanto o carregavam moribundo, pálida mas perfeitamente tranquila Carlota era algemada e sofria o primeiro interrogatório.

Às nove horas da noite foi levada para a Abadia, sendo depois transferida para a "Conciergerie" e nos dois dias seguintes, domingo e segunda-feira, entregou-se a reparar as vestes rasgadas pela multidão, fêz uma nova touca à moda do país, e vestiu-se de luto até ir ao tribunal revolucionário, onde no dia seguinte compareceu para o julgamento.

Sujeita ao interrogatório, ela se manteve com a maior presença de espírito, respondendo com precisão às seguintes perguntas: (textual).

— Quais foram os motivos que vos levaram ao assassínio de Marat?

— Os seus crimes. Era uma besta-fera, que devorava todos os franceses.

— Que esperaríeis por matá-lo?

— Trazer a paz ao meu país. Matei um homem para salvar cem mil. Eu já era republicana antes da Revolução, e nunca me faltaram energias.

— Que entendeis por energia?

— Colocar o interesse particular de lado, e saber sacrificar-se pela pátria.

— Quem vos inspirou tamanho ódio contra Marat?

— Eu não precisava odiar a outros. Bastava-me o meu ódio.

— Essa resolução foi-vos sugerida?

— Executa-se mal o que não foi concebido a sós.

— Acreditais haver matado todos os Marats?

— Morto este, talvez os outros se amedrontem.

— Desde quando havíeis formado esse propósito?

— Desde o dia 2 de Junho, em que foram presos os representantes do povo. (1)

Depois de um quesito suplementar, perguntou-lhe o presidente:

— Que respondeis a isto?

— Nada, sòmente que triunfei.

O acusador Fouquier Tinville, tomando a palavra, perguntou-lhe:

— Para um golpe assim seguro, acaso vos exercitastes de antemão?

— Oh! o celerado toma-me por uma assassina!...

Tinville curvou a cabeça humilhado, e um profundo silêncio se fêz no tribunal.

Quiseram dá-la por louca no intuito manifesto de salvá-la, tal a simpatia que o seu heroísmo provocou, mas a valorosa jovem foi condenada à pena capital pela guilhotina.

---

(1) Os girondinos.

Conduzida à cadeia, passou a escrever esta carta a seu pai: (textual).

"Senhor d'Armont de Corday:
Rua do Balga-Argentã.

Perdoe-me, meu pai, por haver disposto da minha vida sem o seu consentimento. Vinguei muitas inocentes vítimas, preveni muitos desastres. O povo, um dia, reconhecendo o seu erro, se rejubilará por se haver libertado de seu tirano. Se procurei persuadi-lo de que iria vê-lo foi para guardar o incógnito, mas não me foi possível. Em todo caso, achareis defensores em Caen.

Adeus, meu caro papai. Rogo-lhe esquecer-me, ou antes, rejubilar-se pela minha sorte. Conhece a sua filha e sabe que um motivo reprovável não a poderia guiar.

Beijo a minha irmã, que amo de todo o coração, assim como aos demais parentes.

Não esqueça estes versos de Corneille:

"O crime faz a vergonha, e não o cadafalso."

CARLOTA."

Na manhã da execução havia tombado grande aguaceiro, mas, no momento de subir a condenada ao patíbulo, o Sol brilhava, iluminando-lhe em cheio o rosto.

Colocando-se na postura para o sacrifício, perguntou serenamente ao carrasco:

— Estou bem assim? (textual).

E foi executada perante grande multidão, que se acotovelava na praça da Villete, após o que, um dos carrascos, chamado Legros, julgando despertar o sentimento popular, tomou a pálida e encantadora cabeça de Carlota e esbofeteou-a. Esse gesto brutal produziu um grito de horror, que vibrou na multidão por toda a praça.

Reza a História que nesse momento o rosto da decapitada enrubesceu, como se a indignação do último ultraje sobrevivesse ao suplício.

O carrasco teve de responder a um processo, e foi condenado a rigorosa prisão.

A morte de Carlota Corday, mau grado o seu crime levado por um idealismo romântico, criou em torno dela uma auréola de admiração até no seio da mentalidade, que lhe consagrou páginas de engrandecimento heróico, a que não faltou a exibição do feito no teatro, onde foi representada uma tragédia com o seu nome, havendo o próprio Lamartine, em magnífica página literária, criado uma designação para o seu ato, chamando-lhe o "anjo do assassínio".

*

A morte de Marat era a consequência de um estado intolerável de coisas, em que a vida se tornara insuportável, um perigo agravado pelo terror pânico, que assombrava toda a população e a levava a formar associações de defesa, como o Clube dos Negros, Clube dos Federados, Clube das Damas, Clube dos Imparciais, Clube das Carapuças de Lã, Clube dos Jacobinos, Clube dos Cordoeiros. No penúltimo imperava Robespierre, no último Danton.

O povo amargurava os efeitos da dissolução e dos peculatos, das fraudes e das negociatas venais, e vivia na mais extrema miséria (1).

(1) Faltava o pão, não havia carvão, minguava o sabão. Vendia-se o cabrito a 15 francos o arratel. Um edital da Comuna estipulava para cada boca uma libra de carne durante três dias. O povo permanecia a **faire la queue** (fazer a cauda — significa postar-se em fileira uns atrás dos outros à espera da vez) às portas dos açougues e tavernas, aguardando a vez de entrar. Passavam-se noites em claro esperando a ocasião para entrar na padaria. Havia poucos roubos. Vivia-se numa abnegação sublime, numa probidade estóica. Os maltrapilhos e os famintos passavam de olhos baixos por diante das montras dos joalheiros do pavilhão da Igualdade. No distrito dos Capuchinhos lia-se num letreiro: "Nunca mais faremos a barba". Cada corda de lenha custava 400 francos. Viam-se nas ruas indivíduos serrando madeira para as suas camas. No inverno, por estarem as fontes geladas, cada balde de água custava 20 francos; todos queriam ser aguadeiros. Um luís de ouro valia 3950 francos. Por uma corrida de carro se pagava 600 francos. Depois de se andar um dia de carruagem, ouviam-se estes diálogos: — Cocheiro,

Louvamo-nos em um historiador (Vitor Hugo) que informa haver Danton recebido do rei 33000 escudos sob pretexto de o indenizar do seu cargo de procurador do Chatelet; dois milhões de francos pelas despesas secretas da Assembleia; 100000 libras tiradas dos fundos secretos do Ministério da Justiça; uns furtos de diamantes da coroa, outros de Lacroix e uns empréstimos a Montasier, e, ao ser interpelado, exclamou: "Sim, eu sou uma meretriz, vendi o meu corpo, mas salvei o mundo."

*

No ano anterior, Luís XVI, contrário à constituição civil, que lhe vedava a prerrogativa de governo absoluto, procurara a intervenção de nações estrangeiras para opor pelas armas uma reação decisiva, mas, sendo pressentido nos seus planos secretos, foi preso em Varenes e obrigado a jurar fidelidade à nova forma de governo, que lhe tirava a dinastia. Continuando porém as suas insurreições contra o novo estado de coisas, em 10 de Agosto de 92 fôra o Palácio das Tulherias invadido e o rei metido na prisão do Templo com a família. Indo à Convenção Nacional para responder a processo, foi condenado à morte por 387 votos contra 334, e no dia 21 de Janeiro do ano seguinte subia o cadafalso e entregava o pescoço ao cutelo. Por sua vez, Maria Antonieta, intrigada por Mme. La Motte e pelo Cardeal Rohan, já estando irremediàvelmente perdida do raro conceito que o povo lhe dispensava e havendo ganho maior odiosidade, foi também condenada à pena última. E em 16 de Outubro do mesmo ano, repousada em uma prancha e de mãos atadas por uma corda, foi conduzida à forca para desabafo de seu povo.

A mesma penalidade foi sumàriamente imposta aos girondinos em 31 de Outubro, incluindo-se no número as personagens que nos interessam mais: João Ducos e

---

quanto te devo? — 6000 libras. Uma verdureira fazia por dia 600 francos. Um mendigo murmurava: — Por caridade, dêem-me uma esmola; falta-me apenas 230 libras para comprar uns sapatos. (Ver **Noventa e Três**, de Vitor Hugo.)

Pedro Corday, que tomavam parte saliente na bancada da oposição.

Em 31 de Março do ano seguinte, 94, Camilo Desmoulins é preso com Danton, possìvelmente em virtude da sua orientação política, que desagradou a Robespierre, e por intrigas deste condenados ambos a ser decapitados. E' o caso que Camilo havia fundado em Dezembro último o *Velho Franciscano,* jornal a princípio protegido por Robespierre, mas que acabou por provocar-lhe desconfianças, quando entrou a sustentar a política de Danton. Daí o rompimento daquele e a perseguição, que culminou pela condenação de ambos os adversários, subindo eles o patíbulo em 5 de Abril.

Mas, como a justiça divina não dorme, esse mesmo Robespierre pagava a pena de talião pois também escalava os degraus do cadafalso em 27 de Julho e entregava a cabeça ao algoz, pelo voto da maioria dos seus correligionários.

Camilo, antes de chegar a sua última hora, endereçou a sua mulher a seguinte carta, que é um modelo de sentimentalidade e grande amor: (textual).

"Lucília:

Mau grado os meus suplícios, creio que há um Deus. Meu sangue afastará as minhas quedas, fraquezas que são da humanidade. O que eu tenho de bom, as minhas virtudes, o meu amor à liberdade, Deus recompensará. Hei-de rever-te (1) um dia, ó Lucília. Sensível como sou, a morte que me liberta da vista de tantos crimes, será uma infelicidade?

Adeus, minha vida, minhalma, minha divindade na Terra. Deixo-te bons amigos, tudo o que há de criaturas virtuosas e sensíveis.

Adeus, Lucília, minha Lucília, minha cara Lucília.

Adeus, Horácio, adeus meu pai.

Sinto fugir diante de mim o rio da vida. Vejo ainda Lucília, vejo a minha bem-amada. Minhas mãos ligadas

(1) Incontestável convicção do encontro dos Espíritos na vida de além-túmulo.

abraçam-te, e a minha cabeça separada repousa ainda sobre ti os olhos mortos."

Quando seguia caminho do cadafalso, gritava para a multidão:

— O' povo, olha que matam os teus amigos! Quem te chamou à Bastilha? Quem te deu a *cocarde?* (1) Eu sou Camilo Desmoulins.

E este admirável e grande patriota morreu trazendo na mão uma mecha dos cabelos de Lucília (textual).

A extremosa esposa dirigiu depois a Robespierre uma carta indignada, protestando contra a barbaridade do ato, sendo ela por isso acusada de cúmplice pelo celerado e condenada a morrer oito dias depois.

Seu filho Horácio conservou o luto até morrer (textual).

Durante a Revolução travaram-se as guerras civis da Vendeia, que custaram o sacrifício de milhares de vítimas. (2)

---

(1) Laço distintivo dos partidos políticos.

(2) A nobreza e o clero, em nome dos princípios monárquicos, sublevaram o oeste da França com uma luta encarniçada, em que se distinguiram Cathelineau, Charette, Stofflet, Lescure, Bonchamp, La Rochejaquelein, Elbée, como principais chefes da insurreição, que, depois de haver logrado alguns êxitos em Fontenay e em Saumur, foi debelada por Kléber, Marceau e sobretudo por Hoche, que conseguiram pacificar inteiramente o país.

XII

Viviam em Argentã o Visconde e a Viscondessa d'Alençon, fidalgos de alta linhagem, que foram parte saliente na corte de Luís XVI, em que o Visconde Armando de Nioac e sua esposa Estela figuraram nos saraus e reuniões aristocráticos da realeza, sendo ele gentilhomem dos mais reverenciados entre os áulicos do rei.

Na sua mocidade já houvera sido comensal nas festas de Luís XV, ao lado de Mme. Pompadour, a perdulária favorita do monarca francês, a qual muito contribuiu para a guerra dos sete anos e que custou quarenta milhões de francos à França pelas suas loucas prodigalidades.

Homem de 40 anos, obeso e picado da varíola, figura sem atrativos físicos de nenhuma beleza, o Visconde era todavia um diplomata de maneiras gentis e possuía o segredo da sedução no trato social, em que a sua voz melodiosa imprimia a modalidade da meiguice.

A Viscondessa Estela, ao contrário, era uma moça de 23 anos, que conservava o esplendor de grande formosura, aliada à graça e à malícia, mantidas no sorriso que lhe emoldurava o seu belo rosto oval, de alvura opalina, engrinaldado por louros cabelos e iluminado por dois olhos zarcos de fulgurante brilho, quais faróis acesos a alumiar o constante perigo daquele sorriso na pequenina boca de lábios da cor das papoulas.

Habitando faustoso palacete, circulado por grande parque de fundas dimensões, onde o conforto se casava ao pitoresco e ao romântico, ali viviam com alguns criados, pois a natureza apenas, quando Estela tinha 18 anos, os alegrara com uma filha nos albores do seu consórcio, para logo os pungir com arrebatá-la, vítima do crupe, aos 2 anos de idade.

Dois meses depois de instalados nessa cidade Gualtério e os seus, não lhes foi difícil travarem relações de amizade com os d'Alençon, devido principalmente ao gênio expansivo dos fidalgos, que se habituaram a festas e saraus amiudados, para lhes aligeirarem as horas nessa região privada de diversões sociais.

Raras eram as reuniões a que não comparecessem Gualtério e os filhos, havendo-se estabelecido profunda aproximação entre Estela e Maria, que contava 14 anos. Não deixou desde logo de impressionar fortemente a Roberto a sedutora figura da Viscondessa, cuja idade era igual à sua e que, como a toda a gente, favorecia com o seu endiabrado sorriso.

Nos constantes saraus em que se fazia ouvir boa música e onde se davam todos às vertigens da dança, Roberto não dispensava o aconchego tépido do seio de Estela, que, seja dito em abono dela, nunca fora tentada por maus pensamentos, nem faltara aos honestos deveres do matrimônio.

Com a mais sincera ingenuidade recebia os galanteios do filho de Gualtério, que sabemos atrevido e desbriado, permitindo-lhe uma preferência nas honras com que cumulava os seus convivas.

Se às vezes ela lhe fugia nos braços de outro dançarino, mordia-o o ciúme como uma picada de maribondo, e então era de ver-se o desespero e a ânsia de tomá-la ao rival em delícias, cingi-la contra o peito e apertá-la com bastante força, como que a ressarcir o prazer interrompido, tirânicamente usurpado.

Começava então a persegui-lo um absurdo desejo de posse. Se o pai, de um lado, lhe dominava a vontade, de outro era a Viscondessa governada pelo marido.

Que poderia ele pensar e querer que não fôsse o impossível?

Nem mesmo com o amor podia contar, que a jovem Estela parecia uma abstrata nesse horizonte onde se haviam apagado os lampejos de luar em que se banham os trovadores de baladas, quando altas horas da noite sopram em avenas suspiros às suas Julietas. O seu Romeu era Armando de Nioac, a quem ela honrava com a sua fidelidade, que amor não se pode garantir que ainda estivesse em efervescência nos serenos vulcões do seu coração.

Pelo menos o seu nome naquelas cercanias fôra até aí sempre respeitado como de senhora que nunca se oferecera ao escândalo, apesar de não lhe haverem faltado candidatos às suas graças, pois que a todos sabia delicadamente repelir.

Era um caso típico semelhante ao daquela Condessa de Essex, a quem o mesmo Roberto, havia 200 anos, rondara com olhares cúpidos, e que o leitor provàvelmente conhece se acaso leu o *A Caminho do Abismo,* do mesmo insulso rabiscador desta história.

Se havia benefício nessas ilusões de Roberto era o de fazê-lo esquecer de vez a imagem de Matilde, que por longo tempo o obsidiou.

De uma feita que o velho Gualtério lhe fêz uma observação pelas constantes e exageradas atenções pela Viscondessa, ele teve o desplante de observar:

— Finjo venturas para olvidar as que a fatalidade não me deixou experimentar.

O certo é que a brasa continuava acesa e ele sentia delicioso prazer por não vê-la extinta. Para isso dava-se ao luxo de apurar cada vez mais as exterioridades com que por vezes se deixam impressionar as almas desprevenidas, como as mariposas sobre a luz. Vestia-se com maior apuro, abriu uma conta especial de perfumes e outra de flores, e desvanecia-se por trazer à linda Estela, toda vez que a via, um ramo de violetas, símbolo da modéstia. Ela, tímida, aceitava-o sem malícia, a boa senhora.

Poucas palavras além das triviais eram trocadas pelos dois jovens, quando se encontravam a sós, e nunca através delas ressumbraram desejos lúbricos os lábios do enamorado moço, que temia qualquer repulsão destruidora daquele platonismo, em que se comprazia a sua reservada adoração.

Ela lhe aparecia como entidade superior às paixões

subalternas e ganhava no seu conceito a consideração de mulher à parte na comunhão das vulgares esperdiçadoras de galanteios, cujo coração, crivado de setas, assemelha-se a um paliteiro.

Entretanto, por isso mesmo que se avolumava aos seus olhos como divindade esquecida entre os míseros mortais, engrandecia, de par com o culto, a paixão.

De uma feita, porém, quando lhe oferecia a um canto do salão o seu habitual ramo de violetas, balbuciou baixinho:

— As violetas estão ficando agora raquíticas, devido à estação. Encontrei uns amores-perfeitos lindíssimos, mas temi que se desgostasse de recebê-los.

— Porquê? perguntou ela ingênuamente.

— Porque eles são muito indiscretos. Levam consigo segredos de quem os afaga.

Estela disfarçou, e vendo a irmã de Roberto ali próxima, chamou-a e disse-lhe:

— Toma, Maria, este ramilhete de violetas.

E deu-lhe o presente do audacioso rapaz.

Maior não podia ser a desfeita ao melífluo cortejador.

E não dançou nessa noite, com Roberto, que viveu a rondá-la como um esfaimado que mendiga um pão.

Recolhendo a casa, Roberto verteu sinceras lágrimas. Sentiu então a grandeza do abismo que se lhe fazia. Era horrível uma existência ali perto daquela mulher tão divinamente sedutora, casada, esquiva, e ele a seu turno escravo do paí.

Ruminou tudo quanto o cérebro mais fecundo em operações calculistas pode conceber para achar um remédio à sua situação, sem nada lhe refletir a mente. Tudo estéril, o vazio, o silêncio da inspiração, a treva da ideia.

Como absurda tangente do desespero, nem a possibilidade de fugir dali, absurda porque essa solução correspondia à abrir-lhe no seio uma chaga incurável. Seria preferível permanecer ali mesmo, ser repelido, odiado ainda por ela, contanto que pudesse vê-la ao menos, ouvir-lhe a voz, sentir o perfume do seu hálito e morrer embora sem nunca lhe ouvir uma palavra de amor.

No seu primeiro encontro buscou ocasião de falar-lhe, e não o conseguiu. Chamou Maria em seu socorro, dizendo-lhe:

— Estela está de mal comigo, Maria.

— Porquê?

— Não sei; mas eu queria pedir-lhe perdão, se acaso lhe disse alguma coisa que a magoasse.

— Pois vou buscá-la.

E foi ao encontro da Viscondessa, sem lhe dizer nada, mas conduzindo-a até junto do irmão.

— Se estão zangados, façam as pazes.

E afastou-se.

Era sempre a travessa Maria, aquela menina perigosa.

— Não poderia ficar quite com a minha consciência, disse ele com voz magoada, se a Viscondessa rompesse a sua estima para com quem nunca deixou de admirar-lhe as honestas virtudes. O seu desprezo, senão ódio, seria turva mácula no conjunto dessas virtudes, e eu lhe suplico de joelhos que me desonere de tão grave responsabilidade.

— Está perdoado, mas não me fale mais em amores-perfeitos, nem imperfeitos.

— Não falarei, mas façamos a reconciliação por meio de uma contradança.

— Pois seja feita a sua vontade.

E o desvairado moço nessa noite apertou-a contra o seio como nunca o fizera, sem proferir uma única palavra. E teve o heroísmo de ocultar a paixão cada vez maior, mas que era consolada com a união dos corpos nas continuadas noitadas de música e dança nos vastos salões do Visconde d'Alençon.

*

Um importante negócio comercial de embarcações, que faziam a travessia de Marselha à Argélia, de vez em quando exigia a ida de Armando de Nioac ao escritório da

Empresa, de que era chefe, e que ficava situado em Marselha.

A correspondência da Emprêsa assoberbava-o pelo volume e pela complicação, deixando-o por vezes exaurido de fadiga. Foi assim que, ao cabo de seis meses de convivência com Roberto, ao notar-lhe a distinção com que se houvera até esse instante, resolveu propor-lhe o encargo de auxiliá-lo nesse mister mediante um salário bastante remunerador. A Viscondessa, prèviamente ouvida, observando a atitude de respeito que o moço se impusera, concordou no alvitre, e Roberto foi engajado para o serviço, sem que todavia o pai não lhe observasse:

— Muito juízo e bastante respeito, ouviste?

Inteligência maleável e facilidade de apreensão foram atributos que levaram Armando a considerar-se bem satisfeito com a escolha do secretário. Dentro de um mês o fidalgo seguia rumo do Mediterrâneo, ficando suspensas inteiramente as suas reuniões festivas.

Já não restava mais a Roberto o contacto do corpo da Viscondessa no aconchego das danças, mas em compensação muito mais agradável tinha a ventura de vê-la diàriamente e de ouvi-la, porque propositadamente fazia-a colaborar nas soluções de alguns negócios mais difíceis, alegando que ela tinha o indeclinável direito de fiscalizar o que era seu. Estela lisongeava-se com essas honrarias e sorria sempre.

Oh, aquele sorriso! Era um estilete agudo e inquisitorial, era qual provocação de uma ondina, que trouxesse na mão um punhal de lâmina bem afiada, e ele tinha que recebê-lo, gostava que o ferisse, que o torturasse, quando entretanto era forçado a emudecer para que essa esmola de ouro em brasa não se retraísse, fatigada da generosidade, e lhe fôsse negada.

E assim se passaram dois meses de assídua perseverança nessa luta, até que um dia ele sucumbiu vencido.

Ela lhe aparecera como num deslumbramento de sóis, vestida como um lírio, toda de branco, os olhos coruscantes, os cabelos revoltos, os alvos dentinhos surgindo na romã da boca, os seios túmidos anunciando o céu e o inferno num macabro consórcio de apelos ao amor pecaminoso.

Roberto sentia tremores e palpitações violentas de coração acuado por algum tigre furioso. Não podia escrever, tinha a alma soluçante e tombou o rosto entre as mãos na posição de quem medita.

A Viscondessa perguntou-lhe o que lhe havia acontecido.

— Sou forçado a esconder-lhe um segredo, que só revelarei ao túmulo.

— Um segredo que assim ràpidamente o transfigura, que ainda ontem, parece, não o perturbava?

— Há uma lenda, minha senhora, que pode explicar esse fenômeno. Quer ouvi-la?

— Ouvirei, concordou a moça, sentando-se mais próximo da secretária.

— Pelas áridas e calcinantes estradas do Egito caminhava um dromedário levado por um beduíno, carregando em seu dorso uma centena de cabazes cheios de tâmaras. A meio caminho do Saara, por sobrecarga quiseram montar uma dançarina, que vinha de regresso das festas com que na Núbia se regalava o Quediva e que trazia à cabeça um turbante emplumado. No momento de ser suspensa para a montada, voou-lhe uma das plumas do seu penacho. Já cavalgando o camelo, esperou a moça que lhe apanhassem a pena, mas, ao recebê-la na trunfa, o animal sentou-se no solo, exaurido do esforço. Era demais o peso da pluma, ia além do que podiam suportar as suas forças.

A pena, senhora Viscondessa, foi além das minhas penas, releve o trocadilho.

— A história é linda, mas nada me elucidou.

— Quer outra modalidade?

— Se é fértil no gênero, não me prive de ouvi-lo.

— Há um momento na vida humana, a que chamarei o da desgraça. E' quando se divisa na extrema orla da caminhada que leva ao desconhecido, ao imprevisto, talvez ao inacessível, uma luzerna alva, vago luar, ou fogo fátuo desprendido de algum sarcófago. Tudo é mistério no além dessa região longínqua, tudo dubitável, fantástico, apavorante; mas a atração do abismo, como um sopro violento de vendaval, arremessa o viajor para diante, joga-o com impulso de braços de Briareu, como a rajada atira a galera sobre o rochedo partindo-lhe o mastaréu da proa. E quando o peregrino, com os pés descalços e sangrentos, já de joelhos, porque se lhe esgotaram as forças, apalpa o solo e ergue os olhos à procura do bruxuleio da alvorada, recebe em cheio na face um beijo frio, como deve ser o da morte, e se vê sùbitamente envolvido no pavor lôbrego de uma noite eterna, da qual a própria lua foge temerosa.

E tornou a deitar sobre os braços a cabeça febril.

— Que tem? Sente-se esgotado?

— Sim, minha senhora, eu sinto na face o beijo da morte, tenho nos olhos a treva da noite eterna, disse erguendo os olhos afogueados.

— Meu Deus, será que o senhor enlouquecesse?

— E que é isto senão loucura? Como poderei definir esta angústia, em que me contorço há tanto tempo, e contra a qual não acharei ninguém que me socorra? Nem a senhora... nem a senhora, a única que poderia salvar-me, que saberia tirar-me daqui de dentro do seio este horrível câncer, que me corrói e magoa cruelmente!

Estela compreendeu-o e respondeu brandamente:

— Foi muito insensato por se deixar assim vencer.

— Seja ao menos piedosa, se não quer ser razoável, minha senhora. Compreenda que as comoções espontâneas não podem ser detidas como a um carro que se nos atravessa no caminho. O coração não conhece freios, nem a eles obedeceria quando junto dele já sentiu as vibrações do seio de uma criatura a quem o céu enriqueceu com todas as graças imagináveis. D. Estela sabe que veio ao mundo para deslumbrar com a sua beleza, e eu fui deslumbrado.

— E' uma infelicidade.

— Será; porém, quem ficará sofrendo com mais agravos serei eu apenas. A senhora não padecerá o incômodo de ouvir mais as minhas lamentações. Doravante saberá que há um homem a mais na Terra. Não suportarei por mais tempo o peso bárbaro do infortúnio.

Com efeito, Roberto, ao ver a constante frieza de Estela, foi vencido pelo desânimo e pensou em matar-se.

Havia ao fundo do parque um ribeiro fundo e largo, onde por vezes se abeiravam os visitantes da grande chácara. Roberto pediu licença para retirar-se. Desceu ao parque e encaminhou-se para os fundos. Esse gesto foi percebido pela moça, que, de longe e sem ser vista, o seguiu até perto do riacho, sempre oculta no renque dos copados arvoredos.

Roberto deteve-se, sentou-se em uma pedra e ali ficou contemplando as águas límpidas e ouvindo o cachoar marulhoso de pequena catadupa nos rochedos, a distância. Depois tirou o lenço do bolso, colocou-o sobre os olhos e deu largas ao coração, soluçando como uma criança e balbuciando:

— O amor é uma cilada enganosa da ventura.

Eram sinceras as suas lágrimas, indescritível a sua paixão.

A Viscondessa, temendo que ele cometesse um desatino, chegou-se e tocou-lhe no ombro.

— Porque isso? Para que lágrimas, que nada remedeiam?

— Mas consolam; estas são as únicas amigas dos que sofrem. Deixe-me acariciá-las, que o seu calor dão-me alguns momentos de conforto.

— Mas não fique aqui, porque me assusta.

— Tem prazer que me vá?

— Naturalmente.

— O seu receio por mim é um bálsamo. Permita que lhe beije as mãos; isso até é de uso na alta sociedade.

E tomando-lhe ambas as mãos, beijava-as com ardências de coração famulento.

— Amanhã volte a assumir o seu posto no escritório, ordenou a moça.

E conduziu o alucinado admirador até ao portão de saída.

Ao outro dia Roberto retomava o seu lugar, que ele supusera vago, em virtude da sua franqueza na exposição dos seus amores, e não pronunciou uma só palavra sobre o incidente da véspera, como se nada tivesse acontecido, assim como Estela apenas ligeiramente o procurou para convidá-lo, como de hábito, a tomar chá pela tarde. À mesa a conversa se restringiu a assuntos inteiramente diversos do que era para suspeitar.

Mas a mulher é o anjo da sensibilidade.

Se eu acreditasse na metempsicose, que, segundo a teoria de Pitágoras, é a transmigração da alma em retrocesso para animar os outros gêneros da natureza, seria o primeiro a afirmar que a sensitiva é a reencarnação da alma da mulher.

Desde o instante em que Estela viu Roberto chorar junto do abismo, condoeu-se dele e compreendeu-lhe a sinceridade do afeto.

Ela tinha amortecida a amizade ao marido. Não é que o não estimasse, mas como sabeis, leitor psicólogo, entre estima e amor, mas amor de verdade, amor violento, amor maluco, vai a distância do infinito.

Aquele célebre bichinho, que é mais destruidor do que a traça numa livraria, ou do que cupim numa loja de móveis, aquele traiçoeiro caruncho oculto, tavão, verme, gusano, helminto ou coisa que o valha, começa a atacar as paredes do coração da tímida sensitiva até abrir-lhe um furo e outro e mais outro, de modo que um dia ela voltou a reaparecer com aquele seu vestido de linho branco, mais perfumada, mais ridente, mais provocante, e disse umas coisas deste teor:

— Com que então o meu caro secretário queria morrer?

— Queria e ainda quero. Juro-lhe que um dia será surpreendida com o final deste suplício.

— Qual suplício?

— Amar e não ser amado.

— Que infantilidade. Seu pai consome uma parte dos seus cabedais para educar um filho, que de uma hora para outra entende de meter uma bala nos miolos. Que diria ele, em face desse desatino?

— Não sei, porque o meu cadáver não o ouviria.

— Não quero que se mate.

— Que interesse tem pela minha vida?

— Poupar-me um grande desgosto.

— Quer dizer lògicamente que tem gosto em que eu viva?

— Naturalmente.

— Mas gostar apenas não basta; eu exigiria mais, muito mais.

E tomou-lhe as mãos, beijando-as com ardor.

— Seja prudente, observava ela fingindo-se contrafeita.

— Perdi a noção da prudência, estou cego, endoideço.

E ele, após, o desaforado jovem, ergueu-se de pé, aproximou-a dele à força, tomou-lhe o busto, com a mão esquerda juntou-lhe a cabeça ao ombro, apertando-a, e colou nos seus os lábios dela, num ardente e prolongado beijo.

Ela cerrou os olhos e permaneceu no delíquio de um êxtase.

XIII

O Visconde d'Alençon tinha de permanecer por algum tempo ausente, porque fora à Argélia, onde tinha um estaleiro, e precisava fiscalizar ali a reparação de barcos arruinados, que estavam fazendo falta aos embarcadores.

Dias depois da cena passional descrita, *horresco referens!* Estela apresentava indícios de gravidez.

Desde logo a situação se lhe apresentava horrível diante do sucesso, que não podemos dizer imprevisto, salvante o caso de infecundidade. Tratando-se, porém, de dois jovens cheios de vida e de desejos ardentes, o fenômeno explica-se lùcidamente pelas leis fisiológicas da fecundação, já conhecidas desde Eva quando sentiu os alvoroços de Caim até a metodização científica de Claude Bernard.

Avolumava-se, com o perpassar dos dias e das semanas, a aflição dos dois cúmplices, e com ela o receio de que o Visconde regressasse inopinadamente e observasse o depauperamento físico, os sintomas de depressão e a palidez nas faces da esposa.

Ela, agora, simulando um erisipela na perna direita, subtraía-se às vistas dos fâmulos, fazia as refeições nos seus aposentos, sonegava-se às visitas e recolhia-se ao leito para, sob as cobertas, ocultar os vestígios da infidelidade.

Cogitava-se de impedir a todo o transe que Armando viesse a saber da infâmia, que vinha manchar-lhe o lar e a reputação, e imaginavam-se os meios mais razoáveis de esconder o crime. Fazer desaparecer a criança seria fácil, confiando-a a estranhos, mas era indispensável a presença de um médico parteiro à hora do sucesso, e sendo todos os facultativos da cidade conhecidos da família, não deviam ser testemunhas da sua desmoralização.

Tal era o segredo que nem o pai de Roberto nunca suspeitara sequer dos amores deste, nem podia deixar de ser afastado ao conhecimento dos processos imaginados para salvar a honra da Viscondessa.

Havia em Briouze, localidade próxima, um médico modesto, especialista em ginecologia, que habitava num recanto da povoação, onde certa vez Roberto fora em visita a um seu colega de colégio em Paris, e com o qual tivera rápida conversa por ser tio do amigo. Ruminou um plano, que se lhe antolhou eficaz para evitar o perigo iminente em que se encontravam os amantes, tanto mais quanto era seu propósito nunca perder a amizade da concubina.

Aproximava-se o prazo fatal, invariável da lei do nascimento. Felizmente para os dois, o Visconde anunciara que a sua demora seria ainda de um a dois meses, salvo motivo de força maior, que o deteria por mais tempo. Tanto melhor, porque isso viria em auxílio do restabelecimento das energias e das cores da parturiente.

Pretextando negócios do Visconde em Briouze, que o obrigavam a ausentar-se por dois dias, Roberto despediu-se do pai, e, alugando um cavalo, pôs-se em marcha com um guia conhecedor dos caminhos, levando consigo uma pistola de arção para defender-se de possíveis salteadores, sempre comuns nas encruzilhadas das estradas do interior.

De regresso trazia consigo o Dr. Santerre, homem de seus cinquenta anos, magro, mas alto e forte, que se premunira dos apetrechos na sua maleta de couro para o caso de intervenção cirúrgica.

O médico teve a casa franqueada e aí se hospedou, depois de examinar a paciente detidamente, afiançando que dentro de poucas horas ele ficaria exonerado da sua responsabilidade.

— Por pouco mais, dizia ele, convencido da sua sabedoria, já não seriam precisos os meus serviços.

Os criados comentavam assim a enfermidade da patroa:

— Coitadinha, está muito enfraquecida, e aí veio o médico a chamado do senhor secretário, dizia a camareira.

— Para mim ninguém me tira que aquilo foi mau olhado, observou a copeira.

— Ora vai-te daí com as tuas abusões.

— Pois fica sabendo que já fui vítima de mau olhado. Foi quando um sargento da Guarda Nacional andava a rondar-me o beco e eu mandei-o à fava.

— Olhem a pretensiosa, tu com essa cara de uva amassada e olhos tortos a refugares ao sargento... Tomaras tu um soldado raso.

— Que é que dizes, malcriada? Falas por despeito, bem te conheço, meu pau de laranjeira, que nunca tiveste quem te quisesse.

— Ora se achei. Eles eram às dúzias.

— E confessas essa patifaria diante de uma donzela?

— Ai, a donzela, que está apodrecendo... pois não vistes a pucela melindrada?

*

Não se dera a conhecer ao médico o amante de Estela, de modo que, como também ele não se recordasse do mancebo que havia muito tempo lhe fôra apresentado pelo sobrinho, fácil foi a Roberto fazer-se passar pelo marido da doente, avocando a si a dupla paternidade, ou seja a legítima e a roubada.

De feito, como previra o Dr. Santerre, às primeiras horas da noite do mesmo dia Estela sentiu necessidade da sua presença, e por volta da meia noite o facultativo dizia sorridente ao imaginário Visconde:

— Veja lá, excelência, que robusta menina!

O pai tomou a criança nos braços, resmoneando como que a dizer:

— Patifa! que vieste cá fazer? incomodar-nos? Pois vais ter a recompensa.

E simulou conduzir a recém-nascida para algum aposento do interior.

Saindo de casa, depois que fêz o médico recolher-se ao leito, dirigiu-se para o parque, seguiu as alamedas iluminadas por um claro luar, e alcançou o ribeirão.

Aí chegado, contemplou o céu e blasfemou assim:

— Ó, tu, que me deste este presente grego, aqui to devolvo por inoportuno.

E atirou a criança a chorar ao profundo lago de serenas águas.

Ao longe o marulho da cachoeira era como o eco dos gemidos da inocente, que fôra imolada em sacrifício de infando crime, com outro crime maior.

E o desgraçado voltava a passo demorado como se o peso do aviltante feito lhe estivesse pesando na consciência. Lembrava-se então do dia em que ali fôra com propósitos, que não tinha certeza de realizar, mas que a bondade da mulher que aviltara lhe empeceu de irem adiante.

A lua começara a esconder-se atrás de nuvens pardacentas, como que envergonhada de haver assistido àquela iniquidade, e ao longe o chirriar agourento da estrige era como o arauto pregoando pela cidade o anúncio de um fato talvez virgem nos anais da perversidade.

E o miserável entrou num alpendre, que havia junto da casa, e aí se deitou sobre um monte de palhas, porque não podia regressar àquela hora à sua residência antes do amanhecer do dia, a fim de comunicar ao pai o seu regresso.

Pela manhã reencontravam-se os dois homens e visitavam a parturiente, que se achava sem febre, mas no estado mórbido em que deixa a exaustão da *delivrance*.

O médico perguntou pela criança ao pseudo Visconde, que respondeu estar com a ama, ainda recolhida ao seu aposento.

Ansioso pela partida do Dr. Santerre, Roberto adiantou-se a convencê-la de que podia confiar no restabelecimento da doente e na saúde da recém-nascida, acrescentando que queria acompanhá-lo até Briouze, como lhe cumpria por dever de consideração e reconhecimento.

Estabelecidos os honorários do serviço profissional, o médico foi embolsado da respectiva quantia e, havendo saudado a Viscondessa, a quem desejou muitas venturas como à sua filha, saiu em companhia de Roberto, ambos cavalgando os mesmos animais que os tinham trazido.

Ainda não havia raiado o Sol, e a aragem fresca da manhã convidava a uma viagem por aqueles caminhos silvestres, por vezes embaraçados pelo cipoal e pelos troncos tombados ao solo, onde os lenhadores os deixavam a secar para decepá-los a machado e talhá-los em toros.

A um quarto de hora de viagem passava um riacho confluente do ribeirão da casa do Visconde d'Alançon, dividindo a estrada, e para cuja travessia aí havia sido postada uma viga de madeira servindo à passagem dos pedestres. Os animais tinham de saltar, quando o cavaleiro fôsse adestrado na montaria, ou deviam atravessar a nado no caso contrário.

Ao aproximar-se daquele ponto, Roberto convidou o companheiro a atravessar a pé, como ele ia fazê-lo. Desceram, e foi o médico quem primeiro passou, fazendo o seu animal dar o pulo.

Preparava-se para remontar quando ouviu o estampido de um tiro, que lhe atravessou de raspão a manga do gibão. Olhando surpreso para o lado onde se encontrava Roberto, viu-o empunhando uma pistola de algibeira.

Que significava esse ato de bandoleirismo? Que havia ele feito para justificar semelhante assalto à sua vida?

Não perdoou o atentado, e quis vingar-se. Voltou ao mesmo local, afrontando o assassino, que esperou impassível a vítima escapa. Esta ia segurar o inimigo pela gorja, quando ele, que havia jogado ao chão a pistola, sacou do bolso um punhal e fêz o gesto de enterrá-lo no peito do médico. Rápido o Dr. Santerre ergue a sua valise de couro sobre o busto, à guisa de escudo, e o punhal enterra-se nela, livrando-o de morte certa. Nisto, o parteiro, pela segunda vez libertado de morrer, agarra com pulso forte Roberto, cinge-o pela cintura e, depois de pequena luta, joga-o ao chão e pisa-o com o pé direito. Arranca o punhal da maleta e enfia-o certeiro sobre o peito do adversário na diretriz do coração.

O amante da Viscondessa soltou um grito agudíssimo e estrebuchou após ligeira agonia. Esse grito foi o único som que ali se fêz ouvir na solidão da mata, pois essas cenas trágicas se passavam num silêncio sepulcral.

A seguir, o Dr. Santerre colocou as mãos de Roberto sobre o peito, abrindo-lhe os dedos da mão direita e fechando-os no cabo da arma, de feição a parecer que o cadáver fôsse de um suicida. Depois, arrastou-o para dentro do córrego, onde o deixou em decúbito dorsal na direção da corrente.

Como a pistola não podia permanecer ali para não complicar a situação, o criminoso enfiou-a no arção do selim do seu cavalo e levou-a consigo, já agora escarmentado com o que vinha de lhe suceder.

Roberto acaba de pagar a sua dívida do passado, ao matar o Conde de Essex, seu pai, na época que historiamos, mas contraía outra com o assassínio de sua inocente filhinha.

Raros eram por ali os viajantes. Apenas depois de duas horas de marcha o doutor encontrou alguns mercadores de aves, que as iam vender a Argentã.

Quando estes passaram pelo local do crime viram assombrados o cadáver ali no arroio e junto dele, detido pelo corpo, outro corpo com os bracinhos estendidos sobre ele. Era o de uma criancinha morta, que parecia recém-nascida.

A filha de Roberto a correnteza das águas conduzira-a até ali, como que para apreciar o crime, ou talvez para reclamar vingança. Mas não. Essa menina era a reencarnação de sua legítima esposa Amy Robsante, em 1550, que vinha reconciliar-se com o ingrato, e ele a malsinava novamente.

Os mercadores correram a avisar o fúnebre, duplo achado às autoridades de Argentã.

A polícia fêz a necessária devassa chegando a concluir que se tratava realmente de um suicídio, tal a prova do punhal empunhado pelo morto.

Mas aquela criança?

Mistério foi esse que ninguém jamais soube desvendar. Só Estela o sabia, a desgraçada mulher, que verteu lágrimas de sangue pelo amante e pela sua co-participação em tamanhas desgraças.

O pai de Roberto, que já houvera esgotado todas as suas lágrimas com o duríssimo golpe de perder seus queridos filhos Pedro e Carlota Corday, ambos no patíbulo, sofreu mais este misterioso pungir dalma. Indagou da Viscondessa aquilo que da sua parte pudesse orientá-lo no fatal desfecho da vida desse filho fescenino, votado às aventuras rocambolescas, mas nada pôde adiantar às suas pesquisas. Sabia que o filho se havia dirigido para Briouze, mas para matar-se? porquê?

Os jornais da terra comentaram o caso com um sabor de fábula, dando o nome do assassinado.

O Dr. Santerre, lendo as notícias, perguntava aos seus botões:

— Pois eu apunhalei Roberto Corday? Pois não foi o Visconde d'Alençon que matei?

E o sobrinho do médico, o condiscípulo de Roberto, a quem este havia visitado algum tempo antes, e fôra quem lera a notícia nos jornais, acrescentava:

— Era um estouvado este sujeito; o tio não imagina como o pai se aborrecia com os seus desatinos. Parecia doido.

— Está-se vendo que bem doido era.

E de si para consigo:

— Eu que o diga; tão doido que tinha a casa do Visconde d'Alençon por sua e fiscalizava-lhe o nascimento dos filhos. Excelente auxiliar, o bandido.

E também se calava, também a sua boca era um túmulo fechado, quando não, comprometer-se-ia também.

*

Logo que Amando de Nioac regressou dos seus negócios da Argélia, encontrou a esposa ainda muito sucumbida pela catástrofe, pálida e emagrecida, mas soube por ela, e foi confirmado pela voz unânime dos criados, que estivera nove meses padecendo de uma erisipela, retida no leito, forçada a mesta solidão, como se abandonada no mundo.

Beijou-a muito compadecido, e jurou nunca mais separar da sua *virtuosa* esposa e mártir, digna, dizia ele, de ser canonizada depois de morta.

E homens, animais, plantas, ventos, céus e mares e todas as criações da natureza emudeceram para honrar a boa fé do santo homem e bom marido.

Pelo seu pensamento não passavam, nem como leve sopro de favônio, as irreverências de Shakespeare, quando avançou pela boca de Marco Antônio: "Não penseis que eu seja tão simplório que não saiba que o próprio diabo não seria capaz de comer uma mulher".

E era o primeiro a lamentar junto à esposa a triste loucura do seu secretário.

— Quanto terias sofrido, minha pobre amiga, com a desgraçada resolução desse amável e honrado mancebo.

A leitora abstrata, que não esmiuça episódios, que não se quer dar ao trabalho cerebral de fazer comparações, nem adiantar-se a quem lhe conta histórias, certamente não percebeu as intenções de Roberto em matar o médico de Estela; mas o marido, ou o noivo da leitora, mais exigente, mais dado a filosofias, comenta assim:

"Por que cargas dágua este Roberto queria matar o médico, que o veio tirar de apuros, vindo de tão longe?"

E vou eu, solícito e prestável, ajuizando o bom senso com que o argucioso leitor documenta a sua perspicácia e inteligência, pondero e repito muito à puridade aquilo que de antemão já havia ponderado o amante da Viscondessa, quando assim considerou consigo mesmo:

"Este doutor será eternamente um espectro vivo a ameaçar o segredo do meu crime e a tranquilidade da minha amante. Mais tarde ou mais cedo pode ele dar com a língua nos dentes, pois que é uma testemunha viva, aliás a mais impugnável, da falência de Estela. Desaparecido ele, cessam todos os temores, com ele morre o nosso segredo. Pois que morra."

Aí está a gênese da tentativa de assassínio, que deu em resultado a constatação de um velho brocardo: virou-se o feitiço contra o feiticeiro.

"Este mundo, coberto de estrumeiras, escreveu o já citado Shakespeare, alimenta por igual as feras e os homens."

*

Volviam as criadas aos seus comentários:

— E não é que a presença do senhor nosso amo fêz voltar as forças à senhora nossa ama?

— Ah, isso já se deixa ver; uma mulher, vendo o seu homem andar pelas estranjas, fica assim a modo de quem padece fome e não tem o que comer.

— Coitadinho dele, que já andava morto de saudades. Não viste como estava ontem aos beijos com a mulher?

— Ó demônio, pois tu andas a espreitar os beijos aos patrões?

— Se eu estava na sala, como não havia de ser testemunha?

— Pois não estivesses.

— Ora esta agora, Sra. Joana.

— Senhora, não; dobre a língua; senhorita é que sou.

— Pois já não disseste que *eles* eram que nem...

— Eles quem?

— Os machos.

— Isso não vem ao caso. Eu sou solteira.

Tapemos os ouvidos para não escutar algum destempero de linguagem, e viajemos até Briouze, armados com uma ou duas pistolas, por causa das dúvidas.

*

Ainda não havia decorrido uma quinzena depois do crime passado na estrada de Argentã, quando o doutor Santerre teve novo chamado para examinar um doente em Flers, pequeno povoado a cerca de vinte quilômetros de distância.

Lembrando-se do atentado último, achou prudente prevenir-se com a arma que nada lhe custara. Tomou a pistola, que fôra de Roberto, carregou-a e dispôs-se a metê-la no arção, mas, pouco hábil com tais manejos, no momento de arrumá-la prendeu-se-lhe o gatilho no estribo do animal e um tiro certeiro atravessou o crânio do cavaleiro, quando se preparava para a montada. O sangue espirralou aos golfos, misturado à massa encefálica, e o desastrado médico, caído ao solo, estrebuchava antes que o conduzissem para dentro da casa.

A alma ultriz de Roberto cumpria uma missão superior, pois o Dr. Santerre era a reencarnação daquele espião Vítor, que houvera envenenado Carlos IX em vida anterior, e que renascera com o nome de Vítor Santerre.

XIV

Nenhuma esperança de melhoras animava o espírito de Gaspar por ver sua estremecida mulher depois de tanto tempo ir perdendo cada vez mais a noção do bom senso.

Às vezes saía de casa sem ser vista e ficava a perambular pelas ruas de Nápoles, onde a polícia a retinha por descobrir-lhe os sintomas de enferma atacada de paranóia. Mas o marido já se havia habituado a essas fugas, e procurava-a nos lugares onde sabia achá-la depositada.

Os passeios em que Catarina encontrava maior sabor eram os das cercanias do Vesúvio, pelo encanto natural dos seus verdejantes pâmpanos.

O vulcão está situado a 1198 metros de altitude, no distrito de *Castello-a-Mare*. O *Atrio del Castello* é uma peanha circular de 11 quilômetros e a sua circunferência é de 45, toda coberta por plantações de videiras.

Nesse promontório, o solo, cortado por diversos rios, é recamado por grandes pedras e calhaus, reinando ali um calor apavorante e havendo de quando em vez inesperadas chuvas de pedras, que são atiradas a grande distância e a enorme altura, chegando algumas a produzir a morte de quem é por elas atingido, tal o seu volume e peso. Quando a incandescência é maior, o fumo espesso e as cinzas espalham-se pela cidade, tornando-se uma calamidade esses fenômenos.

Foram célebres pela extensão do horror as erupções famosas do ano 79 antes do Cristo, em que ficaram sepultadas Herculano e Pompeia, e que duraram três dias. A História consigna muitas outras nos anos 110, 203, 472, 907, 1036, 1138, 1139, 1631, 1737 e mais algumas de pequenas extensões.

Uma manhã Catarina apresentava melhoras razoáveis, havendo conversado calmamente com o marido, quando resolveu sair a passeio, sem nada lhe dizer. Dirigiu-se para os lados de Miseno, por onde se sobe ao Vesúvio, e caminhou montanha acima, alcançando o promontório pela tarde, aí encontrando milhares de visitantes da magnífica região.

Gaspar, notando-lhe a ausência demorada, ficou preocupado como sempre, e partiu para a rua em busca da companheira, mas não logrou encontrá-la.

Já muito tarde começaram a perpassar pela cidade as cinzas e o fumo asfixiante, que se avolumava do Vesúvio em chamas, vindo-se a saber que se havia produzido uma explosão, vitimando milhares de pessoas que por ali gozavam do maravilhoso espetáculo da paisagem dos pâmpanos, colmados de uvas amadurecidas nas imediações da horrível cratera.

A desgraça se refletira por toda a cidade, cujos habitantes corriam em massa a saber notícias de parentes e amigos, que haviam demandado essa perigosa região.

Ninguém pôde saber ao certo quem ali havia perecido, senão pela ausência prolongada, e foi assim que Gaspar pôde certificar-se de que sua mulher tinha sido uma das vítimas.

Mas, a seu lado, foi legião o número dos que a acompanharam nesse cataclismo, como legião haviam sido os autores da carnificina na noite de São Bartolomeu, os quais ali vieram reunir-se a ela na mesma solidariedade do mal para juntos também resgatarem as suas dívidas perante a justiça divina.

Gaspar regressava depois sòzinho a Paris, com o coração despedaçado, aí lhe sendo apenas lícito receber o abraço de seu único filho vivo, Alexandre. Sobre os demais, a pedra do túmulo encerrava os corpos decapitados de seus queridos herdeiros Lucília e João.

A única consolação que teve foi assistir ao consórcio do Capitão Alexandre com Geni, que passaram a residir com ele no orfanato em companhia de Jaques, que a seu turno chorava o desgraçado fim de seu muito amado Camilo.

Carlos ficara sempre morando com seus sogros, que o adoravam como se fôsse filho. Agora o casal Portier tinha dois anjinhos a lhe encantar o lar, e os avós confundiam-se nas infantilidades dos netos, rindo e brincando em comum.

Assim vimos dispersados os figurantes desta história, cada qual tomando o seu destino, determinado pelo Criador, para reencontrá-los mais tarde renascidos em outra situação, na qual certamente virão demonstrar o seu progresso, seguindo como o convertido Saulo a *Estrada de Damasco,* título esse sob o qual será conhecida a direção espiritual a que obedecerão as provanças de cada um na escala ascendente do progresso indefectível.

Assim, se a história destas personagens no cenário da vida tormentosa deixaram magoados os corações sensíveis e descrentes da justiça superior, a continuação do seu fadário em próxima caminhada, na qual irão redimindo as suas infrações à lei da perfeição, tranquilizará a quantos ainda se não conformaram com a necessidade imprescindível de obedecer aos ditames dessa mesma lei, que é o corolário do amor do próximo.

FIM DA SEGUNDA ÉPOCA

No romance "Estrada de Damasco", o leitor encontrará a continuação dessa história, reencarnadas as suas personagens.

J. W. Rochester

O CHANCELER DE FERRO

Obtido pela médium mecânica Sra. W. Krijanowski, é este extraordinário romance histórico uma obra que, pelo vigor do seu estilo e pelas fortes emoções que nos dominam a cada instante, jamais se apaga de nossa lembrança.

Aí conheceremos, em mais de 400 páginas, a vida de José, filho do patriarca Jacob, vida que o Antigo Testamento sintetizou em certo número de capítulos.

De simples pastor em Israel a príncipe do Antigo Egito, José nos aparece como um predestinado que fragorosamente faliu em sua missão. Cenas tenebrosas se desenrolam a cada passo do romance, de permeio com preciosas lições de amor, de resignação e de fé.

*

Yvonne A. Pereira

AMOR E ÓDIO

Romance recebido pela já conhecida médium Yvonne A. Pereira, e que se desdobra exatamente à época do aparecimento de "O Livro dos Espíritos".

Nela tomam parte várias personagens que mantinham relações pessoais com Allan Kardec.

A história, narrada em bela e harmoniosa linguagem, gira em torno de um ex-discípulo do Prof. Denizard Rivail, o qual, mais tarde, após passar por uma série de peripécias, inclusive na América do Sul, encontra a felicidade através de um presente a ele enviado pelo Codificador. Não desejamos ser mais extensos. Queremos que o leitor sinta, por si mesmo, as emoções contínuas que esse romance nos trouxe.

Livros da Federação Espírita Brasileira

Antônio Lima

A CAMINHO DO ABISMO

SENDA DE ESPINHOS

ESTRADA DE DAMASCO

Numa linguagem fácil e sobretudo correta, amoldada a um estilo fluente e leve, essa harmoniosa "trilogia" romântica, sobre ser instrutiva no ponto de vista vernacular, é, e principalmente, uma obra de edificação moral, estruturada na lei dos renascimentos ou da reencarnação, a grandiosa base sobre a qual se apóia a Justiça Divina.

A Caminho do Abismo, calcado em fatos históricos, principia com o rei Carlos IX e Catarina de Médicis, na França do século XVI, havendo uma empolgante descrição da sombria e trágica Noite de São Bartolomeu.

Senda de Espinhos passa-se durante a Revolução Francesa, o terrível período da guilhotina, com os mesmos protagonistas e comparsas do passado, reencarnados para resgatarem parte de suas responsabilidades perante Deus e os homens.

Estrada de Damasco, tipo modelar de romance doutrinário, tem sua ação vivida no Brasil, numa fazenda do interior, ao tempo da lamentosa escravidão. As mesmas personagens anteriores finalmente despertam para as verdades cristãs, e iniciam, como Saulos, a remissão de suas almas.

Aí estão três magníficos romances, dignos de figurarem nas boas estantes, entre as melhores obras.